上海大学校级本科教材建设项目

投资银行实务

黄学庭　编著

上海大学出版社
·上海·

图书在版编目(CIP)数据

投资银行实务 / 黄学庭编著. -- 上海：上海大学出版社，2024.12. -- ISBN 978-7-5671-4949-6

Ⅰ.F830.33

中国国家版本馆CIP数据核字第2024K1V564号

本书作为投资银行实务教材，适用于金融专业本科生和硕士以及MBA学员的教学。同时，本书涉及的估值方法和产品设计理念是相通的，不限于投资银行实务，因此也适用于金融爱好者和金融从业者阅读。

责任编辑　傅玉芳
封面设计　柯国富
技术编辑　金　鑫　钱宇坤

投资银行实务

黄学庭　编著

上海大学出版社出版发行
（上海市上大路99号　邮政编码200444）
（https://www.shupress.cn　发行热线021-66135112）
出版人　余　洋

*

南京展望文化发展有限公司排版
句容市排印厂印刷　各地新华书店经销
开本710mm×1000mm　1/16　印张11　字数174千
2024年12月第1版　2024年12月第1次印刷
ISBN 978-7-5671-4949-6/F·253　定价 58.00元

版权所有　侵权必究
如发现本书有印装质量问题请与印刷厂质量科联系
联系电话：0571-87871135

前　言

　　本书终于完稿了。回想起来,感慨万千。我于 2003 年来上海大学工作,从此开始讲授"投资银行实务"这门课程,至今已整整 20 个年头。先是用的国内教材,讲起来轻松,可学生们不太用心听讲,因为好多内容与学过的证券投资课重复。后来我就逐步改用国外英文版投资银行实务教材,课程深受学生们的喜爱。

　　资本市场最重要的金融机构当属投资银行。但事实上投资银行开展业务并没有自己的独特理论。譬如,企业 IPO 承销、企业并购咨询服务以及风险资本对未上市企业的股权投资这些业务,均涉及价值评估这一关键环节,就要用到公司金融方面的理论;投资银行为满足客户的特定需求而定制金融衍生品,则要用到金融工程学理论;投资银行的自营业务和基金管理业务,更是证券投资学理论的具体应用。由此可见,与投资银行实务密切相关的课程是公司金融、投资学和金融工程等。罗斯的《公司金融》、博迪的《投资学》、赫尔的《期权、期货和其他衍生品》以及施里夫的《金融随机分析》均为国际公认的经典教材,我都研读数遍,收获很大,对其中理论精髓的感悟已融入平时的授课和本书的撰写之中。

　　多年前本人就有写一本《投资银行实务》的想法,可我迟迟没有动笔,主要原因是一直在研读相关典籍,想着把投资银行创新业务背后的机理搞清楚,有自己的心得体会,然后再力争写出一本不落俗套、自己满意的教材来。记得 2016 年的一个周六上午,我拿到了网购的一本英文版专著——罗伯特·C.默顿(Robert C. Merton)的《连续时间金融》,当时也恰逢希拉里·克林顿和特朗普两位七十岁老人在竞选美国总统,我写下了翻开书卷那一刻的内心实感,这里分享给大家:

  仰慕默顿已有年,理论称邃,未得深读。回想过去十年,尽是埋首观书。几多锁眉,几多开悟。公司金融投资学,金融工程亦原著。概率统计,高等代数,当年学之不精,而今一一得补。孟言尧我皆人,阳明指明心路。纵观中外贤哲,谁人赖天眷顾。莫道五十人已老,七十白宫竞新主。但求日有所进,名利早已粪土。待到来年春满园,香径踱步有新赋!

近十多年来,授课之余就是潜心读书。除了微观金融类英文版经典书目外,还研读了不少古文典籍,这些承载的是中华文化之魂,让我受益终生。我写给自己的座右铭是:内心欢快,奋发向上。正是读了这些心性之学,给了我把工作做实做精的不竭动力。回到投资银行实务话题上,我深信 Giuliano Iannotta 在其《投资银行实务》一书中讲的,投资银行实务,部分是科学,部分是艺术。搞好投资银行业务,自然需要谙熟理论,做到决策有据,而不是拍脑袋。但仅此还远远不够。投资银行开展业务要与方方面面的人打交道,有客户,也有交易对手,因此掌握沟通接洽技巧、维系良好的人际关系至关重要。这就是"艺术"部分。对业务中的"艺术"部分的拿捏尤为困难。实务中的历练是必不可少的,但我坚信更需要的是提升一个人的心境。心境的提升能使人看得远、想得深。闲暇时读点人文典籍,感悟人生,立其大者,方能做最好的自己。两年前在一次导师与研究生新生见面会上,我写了一段寄语,在此复述,愿与大家共勉:

  立志在兹,奋发向上。目标当远,谦恭为尚。潜心治学,贵在涵养。江河横渡,沧海逐浪。怀抱利器,经略四方。笃志创新,复兴在望!

本书的内容安排如下:

第一章为概述，阐述投资银行的基本概念和基本功能。

第二章讲述投资银行的股票承销业务，主要包括 IPO 业务流程、IPO 定价机制、IPO 估值方法和典型 IPO 承销案例分析。

第三章是投资银行的金融衍生品业务，主要内容包括金融衍生品概述、期权合约、互换合约、回购协议以及案例分析等。

第四章为投资银行的并购咨询业务，重点阐述企业发展方式与企业并购类型、并购支付对价中期权的应用、换股比率、反并购措施、杠杆收购、股票分设、并购套利及案例分析。

第五章是投资银行的私募股权投资业务，主要包括私募股权投资基金、风险投资基金的运作、私募股权基金投资估值的实物期权分析法等。

第六章是投资银行的自营业务和资产管理业务，主要讲述债券投资相关理论与投资策略、股票组合投资、隐含波动率与期权头寸选取、证券投资基金综合业绩评价指标、对冲基金等内容。

第七章是投资银行的资产证券化业务，重点阐述资产证券化基本概念、住房抵押贷款证券化产品、信用违约互换、抵押债务凭证、资产证券化产品的定价问题等。

投资银行作为金融机构，其业务开展在资本市场是全方位的。投资银行没有自己单独的理论体系，其业务理论支撑主要是公司金融、证券投资学、金融工程等学科，属于微观金融。本书中的各业务理论借鉴了国外投资银行实务、公司金融、投资学、金融工程、价值评估以及实物期权分析等方面的一流教程，引入了典型案例并进行分析，实用、入理、易懂是本书的鲜明特征，希望对读者有所帮助。

值此本书付梓之际，我要感谢上海大学出版社原社长戴骏豪和傅玉芳编审为此书付出的努力，更要感谢我的家人这么多年来对我的支持和帮助。特别要感谢书中引用案例的原作者，一些经典案例虽然广为流传，但原作者难以查考，谨在此处一并致谢！

黄学庭

2024 年 10 月 28 日

目　录

第一章　投资银行概述 ………………………………………… 1
第一节　投资银行的基本概念 …………………………………… 1
一、什么是投资银行 ……………………………………… 1
二、投资银行的组织结构与主要业务部门 ……… 2
第二节　投资银行的基本功能 …………………………………… 4
一、提供融资中介服务 …………………………………… 4
二、培育发达资本市场 …………………………………… 5
三、优化资源配置 ………………………………………… 5
四、促进产业集中 ………………………………………… 6
本章思考题 …………………………………………………… 7

第二章　投资银行的股票承销业务 ………………………… 8
第一节　企业为什么要选择上市 ……………………………… 8
一、资金需要 ……………………………………………… 8
二、作为收购支付工具 …………………………………… 9
三、有利于改善公司治理结构 …………………………… 9
四、有利于提高声誉 ……………………………………… 9
五、有利于优化管理层薪酬方案 ………………………… 9

第二节　股票发行结构 · 10
一、发行类别 · 10
二、发行对象 · 10
三、发行与上市地点 · 10

第三节　股票发行制度与承销方式 · 11
一、股票发行的两种基本制度 · 11
二、我国股票发行制度的选择 · 12
三、股票的承销方式 · 12

第四节　IPO承销业务的开展 · 13
一、投资银行开展IPO承销工作的关键步骤 · 13
二、超额配售选择权 · 15

第五节　IPO价格确定机制 · 16
一、询价机制 · 17
二、固定价格机制和拍卖机制 · 19
三、我国新股发行价格方式 · 20

第六节　IPO估值 · 21
一、常用的IPO定价估值方法 · 22
二、企业经营价值评估综合框架 · 26
三、考虑发行费用时IPO发行价格的确定 · 27

本章思考题 · 32

第三章　投资银行的金融衍生品业务 · 33
第一节　金融衍生品概述 · 33
一、金融衍生品的分类及特征 · 33
二、金融衍生品的基本功能 · 34

第二节　期权合约中头寸分解法的具体应用 · 35
一、两类标准期权——买权、卖权 · 35
二、典型奇异期权——二项期权头寸分析 · 37

三、标准欧式买权-卖权平价关系 ………………………… 39

四、典型期权定价公式 ……………………………………… 40

五、典型案例分析 …………………………………………… 44

第三节 互换合约的类型 ………………………………………… 51

一、利率互换 ………………………………………………… 51

二、货币互换 ………………………………………………… 53

三、商品价格互换 …………………………………………… 54

四、股权互换 ………………………………………………… 55

五、房地产互换 ……………………………………………… 55

第四节 固定票面利率债券的分拆 ……………………………… 56

一、固定票面利率债券的分拆概述 ………………………… 56

二、固定票面利率债券的分拆案例 ………………………… 56

第五节 回购协议 ………………………………………………… 57

一、回购协议概述 …………………………………………… 57

二、回购协议案例 …………………………………………… 57

本章思考题 ………………………………………………………… 59

第四章 投资银行的并购咨询业务 ………………………………… 61

第一节 企业发展方式与企业并购类型 ………………………… 61

一、企业发展方式 …………………………………………… 61

二、企业并购的类型 ………………………………………… 61

三、并购定价的特殊性 ……………………………………… 64

第二节 并购支付对价中期权的应用 …………………………… 64

一、期权在并购支付对价中的应用形式 …………………… 64

二、期权在并购支付对价中的应用案例 …………………… 65

第三节 换股比率及相关分析 …………………………………… 71

一、换股比率 ………………………………………………… 71

二、与换股比率有关的几个结论 …………………………… 72

三、并购行为的净现值(NPV)与不同换股比例对每股盈余的

   影响分析 ………………………………………………… 73

  第四节　反并购措施 ………………………………………… 75

   一、收购要约前的反收购措施 …………………………… 75

   二、收购要约后的反收购措施 …………………………… 76

   三、敌意收购案例 ………………………………………… 77

  第五节　杠杆收购 …………………………………………… 78

   一、杠杆收购的基本知识 ………………………………… 78

   二、杠杆收购的融资方式 ………………………………… 79

   三、杠杆收购案例 ………………………………………… 80

  第六节　股票分设 …………………………………………… 84

   一、股票分设概述 ………………………………………… 84

   二、股票分设的形式 ……………………………………… 84

  第七节　并购套利 …………………………………………… 85

   一、并购套利概述 ………………………………………… 85

   二、并购套利的案例分析 ………………………………… 85

  本章思考题 …………………………………………………… 86

第五章　投资银行的私募股权投资业务 ……………………… 88

  第一节　私募股权投资基金 ………………………………… 88

   一、私募股权投资基金概述 ……………………………… 88

   二、私募股权投资基金的重要性 ………………………… 89

  第二节　风险投资基金的运作 ……………………………… 90

   一、股权形式选择 ………………………………………… 91

   二、防稀释保护 …………………………………………… 94

  第三节　私募股权投资基金投资估值的实物期权分析法 … 96

   一、为什么要估值 ………………………………………… 96

   二、实物期权分析法 ……………………………………… 98

三、实物期权的二叉树定价法 …………………………………… 101
　本章思考题 ………………………………………………………………… 113

第六章　投资银行的自营业务和资产管理业务 …………………………… 114
第一节　债券投资相关理论与投资策略 ………………………………… 114
　　一、债券投资的四个核心概念 …………………………………… 115
　　二、嵌入期权债券的估值 ………………………………………… 118
　　三、债券投资组合管理策略 ……………………………………… 123
　　四、期货衍生工具在债券管理中的应用 ………………………… 126
第二节　股票组合投资 …………………………………………………… 128
　　一、被动投资策略与主动管理策略 ……………………………… 128
　　二、股指期权在投资组合管理中的应用 ………………………… 136
第三节　隐含波动率与期权头寸 ………………………………………… 137
　　一、隐含波动率与期权头寸选取 ………………………………… 137
　　二、隐含波动率与期权头寸选取案例 …………………………… 138
第四节　证券投资基金综合业绩评价指标 ……………………………… 139
　　一、夏普指标 (Sharpe's Measure) ……………………………… 139
　　二、特雷诺指标 (Treynor's Measure) …………………………… 139
　　三、詹森指标 (Jensen's Measure) ……………………………… 139
　　四、M^2 指标 …………………………………………………… 140
第五节　对冲基金 ………………………………………………………… 141
　　一、对冲基金的概念与特点 ……………………………………… 142
　　二、对冲基金的投资风格 ………………………………………… 142
　本章思考题 ………………………………………………………………… 144

第七章　投资银行的资产证券化业务 ………………………………………… 145
第一节　资产证券化 ……………………………………………………… 145
　　一、资产证券化基本概念 ………………………………………… 145

二、资产证券化的主要品种 …………………………………… 147
第二节　资产证券化产品的定价问题 ……………………………… 149
一、产品特征 …………………………………………………… 149
二、定价方法 …………………………………………………… 150
三、CIR 利率模型 ……………………………………………… 151
本章思考题 …………………………………………………………… 159

参考文献 ………………………………………………………………… 160

第一章

投资银行概述

投资银行是资本市场的中坚力量。发达经济体的经验证明,资本市场的健康发展、一国或地区经济实力的提升,投资银行功不可没。我国政府已明确提出要培育一流的投资银行。那么,什么是投资银行,其功能有哪些?这是本章要讲述的内容。

第一节 投资银行的基本概念

一、什么是投资银行

1. 投资银行的起源

投资银行虽然冠以"银行"二字,但它不是商业银行,不从事存贷款和结算业务。冠以"银行"之名是源于起初从事投资银行业务的大多为商业银行的一个部门。另外,投资银行也不从事具体的生产性投资。之所以称为"投资"银行,主要是该机构的本源业务之一是为企业投资发展筹措资金服务,担当企业证券发行的承销商。投资银行是资本市场的中介机构,随着经济的发展,企业的金融需求会越来越多,投资银行会不断地推出新的业务以满足客户的需要。同时投资银行的业务创新也会成为客户需求的导向。

发达经济体的实践证明,成熟的资本市场将大大助推实体经济的发展,而资本市场的充分发育与成熟,离不开完善的投资银行业务。美国著名金融专家罗伯特·索贝尔(Robert Sobel)说过:"投资银行业是华尔街的心脏,确实也

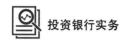

是华尔街之所以存在的最重要原因。"

世界著名的投资银行如高盛（Goldman Sachs）、摩根士丹利（Morgan Stanley）和美林（Merrill Lynch，2008年后因被收购改为美银美林）等，已经运作了100多年，有的甚至近200年。在20世纪80年代之前，投资银行还主要是为企业融资和并购提供服务，现在的投资银行业务则已涵盖了资本市场的方方面面。

2. 投资银行的定义

从广义上讲，从事所有资本市场业务活动的金融机构都可称之为投资银行。投资银行的具体业务包括证券经纪、证券承销、并购咨询、基金管理、自营、私募股权投资、金融衍生产品设计与投资、研究投资咨询等。由此可将投资银行定义如下：投资银行是以证券承销、经纪、股权投资和并购咨询为基础性业务，并以在此基础上派生出的其他业务作为其经营范围，为客户提供直接金融以及衍生服务的金融机构。

二、投资银行的组织结构与主要业务部门

1. 投资银行的组织结构

投资银行的组织结构，一般分为决策层、职能部门和业务部门三个层级。国际上大的投资银行大多为上市公司，高盛也在1999年由合伙制这一私人企业改为公众公司。以实行股份制的投资银行为例，其决策层包括股东大会、董事会、执行委员会和董事长几个层级。职能部门是投资银行必备的内部控制和核算中心，兼有服务和监督的职能，主要作用是保证投资银行内部按照既定的经营目标和工作规程运营，具体有人力资源部、财务部、合规部、风险管理部等。下面着重阐述投资银行的主要业务部门。

2. 投资银行的主要业务部门

（1）公司融资部。公司为了从资本市场上直接融资而发行各类证券，投资银行的公司融资部为这些证券的顺利发行提供承销服务。公司发行的各类证券包括普通股、优先股、公司债券、高收益债券、可转换债券、国际债券和商业票据等。上述证券承销业务中以股票IPO承销业务对投资银行的要求最高，涉及尽职调查、制定招股说明书、发行价格区间确定、路演等工作。

(2) 并购部。目前该部门是投资银行中最活跃和最具挑战性的部门。在成熟的资本市场,并购双方都会分别聘请投资银行担任自己的财务顾问。受聘后,该部门负责对企业客户尽职调查。投资银行的并购咨询服务包括:为客户筛选目标,进行估值,商定支付方案,与对方洽谈并购事宜、制定反收购对策,并购融资设计,并购后的资源整合等。并购咨询服务业务被称为投资银行收入的"金奶牛"业务。

(3) 经纪业务部。该部门负责二级市场的证券交易业务。接受客户开户申请,就客户的交易收取一定比例的佣金。该部门也向符合条件的客户提供融资融券服务,收取利息。

(4) 公共融资部。这是为政府和公共事业单位发行债券而设立的部门。在美国,这类债券的发行量巨大,投资银行通常设有专门的部门负责国债、市政债券以及公共部门债券的承销工作。

(5) 证券交易部。该部门专门负责投资银行的自营业务。该业务与经纪业务是相互独立的,以防止内幕交易。该部门利用投资银行自己的账户,对投资组合构建和交易策略自行决策,自负盈亏。

(6) 私募部。该部门负责与机构投资者和个人投资者建立良好的合作关系,并向这些投资者承销未公开上市的证券,为企业募集资金。

(7) 资产管理部。该部门接受投资者的资金委托,在证券市场上进行投资,尽可能实现理想的收益,向投资者收取相应的管理费。

(8) 风险资本部。这是专门从事风险投资的部门。风险企业初创时往往渴求资金,商业银行出于安全考虑自然不愿意为其提供贷款,此类企业因商业经营模式尚未明朗而达不到公开发售股票的要求。风险投资资本是其天然的投资者,因为对风险企业而言尽管其未来经营状况存在很大变数,但一旦成功则会为风险投资者带来丰厚的回报。投资银行因其市场洞察力、对企业成长与运营具有专业知识,可发起设立风险投资基金或与职业风险资本联合发掘有前景的高新创业企业,进行投资决策。

(9) 资产证券化部门。该部门主要负责将缺乏流动性但预期未来现金收入较稳定的资产构成资产池,通过创设以该资产池为担保的适销证券,在资本市场上出售变现。随着我国资产证券化业务的逐步推开,投资银行的这一业务潜力巨大。

（10）发展研究部。该部门负责研究和开发金融产品为投资银行提供业务支持，主要进行宏观经济研究、行业研究、公司研究以及具体项目的可行性分析，为投资银行的业务决策以及业务创新提供依据，也为其他投资者提供投资信息服务。

第二节　投资银行的基本功能

投资银行是资本市场最重要的金融机构，其基本功能主要体现在提供融资中介服务、培育发达资本市场、优化资源配置和促进产业集中四个方面。

一、提供融资中介服务

1. 提供债券和股票承销服务

企业在发展中经常面临资金短缺问题，向商业银行贷款大多解决的是短期资金需求，要解决长期投资资金需求，则要通过资本市场发行债券和股票，这就需要投资银行提供承销服务。良好的承销服务可以使企业顺利筹措到发展所需要的资金。我国已于2023年全面推行股票发行注册制，并提出政府要多举措鼓励企业直接融资，因此以后国内企业发行股票和债券的规模会进一步扩大，这对投资银行的融资中介服务而言，既是机遇，又是挑战。承销业务做得好，在带来丰厚回报的同时，也赢得好的声誉，从而有利于投资银行自身做大做强；反之，业务做得不细致、不精湛，客户不满意，业界口碑差，势必影响到业务的进一步开展和投资银行的发展。

2. 为投资者选择投资项目

资金提供者需要好的投资方式与项目。在资本市场开启之前，人们主要是通过商业银行储蓄来获利。有了资本市场，人们的投资理财渠道大大拓宽。投资银行承销业务的顺利开展，可使投资者更好地选择投资品种，改善投资业绩，从而不断提升证券投资意愿。

可见，商业银行吸收储户存款，将资金贷给企业，主要满足企业的短期资金需求，是货币市场的中介机构。在资本市场上，投资银行作为承销商，将股票和债券顺利发行出去，筹资方得到了所需资金，用于发展；而投资者有更多的投资品种可以选择,不断取得投资回报,实现了资金用于经济长期发展的目的。因此,资本市场是投资银行的用武之地。

二、培育发达资本市场

1. 为证券发行市场的构建发挥了关键作用

在股票发行过程中,投资银行作为承销商,要对发行企业尽职调查,在发行规模和发行时机上提出合理建议,确定合理的定价区间,在路演过程中与机构投资者接洽和充分沟通,接受订单,最终尽可能使发行价格让发行人和投资者都满意。从某种意义上说,发行市场的健康发展离不开投资银行出色的承销工作。

2. 为证券流通市场的培育完善发挥着重要作用

投资银行作为经纪商,不仅接受投资者开户交易,还能为合格的投资者提供融资融券业务;投资银行可以投资者的身份从事证券自营业务;投资银行还可以担当做市商,对负责的股票同时提供买卖报价。所有这些工作,能有效促进资本市场稳健发展,使其更加成熟高效。

3. 投资银行素有金融工程师之称,创新是其特质

投资银行利用自身的业务专长,根据客户对收益和风险的特定需求,不断开发出新的金融衍生产品。创新行为让投资银行充满活力,更让资本市场有了广度与深度,资本市场的各方参与者都会从中受益。

三、优化资源配置

1. 促使社会资源的良性配置

那些短视的、违法违规的投资银行,必将走向末路,被市场所淘汰;而能够从职业道德和自身声誉考虑、目光长远的投资银行,定会选择有发展潜力的企业,担任其股票发行的承销商,将优质股票推介给投资者,从而使得拥有良好发展前景、真正资金短缺的企业顺利获得投资,不断壮大。专业的投资银行承销业务能够有效促进社会资源的良性配置。

2. 使并购双方的价值提升

投资银行作为企业并购的财务顾问,通过目标筛选、价值评估、支付方式设计以及并购后资源整合的谋划,使并购得以顺利进行。成功的并购会产生

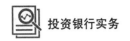

协同效应,使并购双方价值得到提升,社会资源配置更加趋于合理。

3. 助推高新技术企业的快速成长

投资银行的风险资本业务为高新技术企业的快速成长提供助推。而高新技术企业发展状况决定着一国未来经济实力与国际竞争力。因此,投资银行的这一业务对风险资本向技术领先、引领未来的新赛道配置意义重大。

4. 助力政府资金用于基础设施建设和对先进行业的财政补贴

投资银行承销政府债券的发行,使得政府将资金用于基础设施投资和对先进行业进行财政支持,如高铁的大量开建、对新能源技术研发的支撑、公共充电桩建设、AI人工智能等等。由此可见,投资银行在对社会资源的前瞻性优化配置方面将起到十分重要的作用。

四、促进产业集中

1. 帮助优质企业迅速筹措资金

证券承销和并购咨询服务是投资银行的两大核心业务。投资银行通过股票和债券承销业务,使企业迅速筹措到资金用于发展,此举较之企业靠每年的盈利用于再投资扩大自身规模要来得快得多。

2. 并购咨询服务促使企业兼并重组顺利开展

并购咨询服务促使企业兼并重组顺利开展,收购方规模迅速壮大。美国自19世纪末至今共发生了六次大的企业并购浪潮,并购的结果使得一大批竞争力强的企业脱颖而出,同时促进了产业的升级换代。诺贝尔经济学奖得主、美国经济学家乔治·斯蒂格勒(George Joseph Stigler)说:"纵观世界经济发展史,没有一家大企业不是通过某种程度的兼并、收购发展起来的。"而在那些重大的成功并购案例中人们总能看到投资银行的身影。因此,投资银行对促进产业集中起到了积极作用。

投资银行是资本市场的核心,素有资本市场的心脏之称。一国经济实力的提升和发生质的飞跃,离不开资本市场的充分发育,而资本市场的健康发展更离不开投资银行的发展壮大。习近平总书记在2023年10月30日至31日的中央金融工作会议上明确提出,要培育一流投资银行和投资机构。任务艰巨,前景广阔,愿共勉之!

本章思考题

1. 投资银行与商业银行的区别有哪些?
2. 投资银行在资本市场中的作用有哪些?
3. 目前我国证券公司的业务中主要存在哪些问题?
4. 谈谈你对培育一流投资银行的理解。

第二章

投资银行的股票承销业务

成为公众企业是企业发展壮大的必由之路,而企业的股票发行要通过投资银行来承销。企业首次公开募股(Inital Public Offering,IPO)承销是投资银行的核心业务之一,从尽职调查,到招股说明书的编制、确定定价区间、路演中与机构投资者的接洽和推介活动、接受询价和最终发行价格的确定,再到上市后绿鞋期权的使用,有许多工作要做,其中 IPO 定价是核心环节。IPO 承销流程和估值方式是本章阐述的重点。

第一节 企业为什么要选择上市

一、资金需要

从企业层面看,企业发展经常面临资金筹措的问题。企业筹措资金分为内源融资和外源融资两部分。内源融资是指企业将经营利润用于再投资。此部分融资受制于企业当前的盈利水平。外源融资包括债务融资和股权融资,前者又包括银行借贷和发行债券。债务融资一方面有还款期限,另一方面要按期支付利息,因此受限于企业的资信状况,负债比例过高还会带来财务风险。公司通过发行股票融资,增加的是股权资本,这部分资金由公司永久支配,可投资于长期项目。同时,企业经过首次公开发售股票成为公众公司后,再发新股就相对容易多了,可以根据实际经营需要,适时进行股权融资。

从企业股东层面看,企业上市为其股权变现或质押提供了便利,从而缓解其对资金的需求。以高新技术企业为例,此类企业前期急需发展资金并且经营风险很大,引入风险投资基金加盟是其常见的融资方式,而风险投资基金的投资周期一般为五至七年,企业 IPO 可以方便其退出投资。

二、作为收购支付工具

发达经济体的经验表明,企业要做大做强,必然经过多次的并购重组过程。企业收购涉及金额较大,通常难以单纯用现金支付。如果收购方是一家上市公司,其股票就可以作为支付工具,以此换取目标企业股东的股份。事实上,在发达市场,换股是主要的并购支付方式。

三、有利于改善公司治理结构

公开发行股票,新股东既有普通公众,也有机构投资者和战略投资者,公司股权得到分散,股权结构更加合理,公司治理结构也将得到改善。

四、有利于提高声誉

公司上市后要定期发布财报,要及时披露重大事项。投资者必然关注公司的这些信息,从而提高公司的知名度和声誉。

五、有利于优化管理层薪酬方案

管理层与股东之间存在利益冲突,即代理人问题。在大多数情况下,股票期权或其他与业绩挂钩的类似报酬方案能对管理层起到很好的激励效果,而这些报酬方案的实施离不开公司的股票。

以上阐述了企业选择上市、成为公众公司的好处,然而上市也会给企业带来不利之处。如股票首次公开发售涉及直接成本和间接成本,直接成本包括向投资银行、律师、会计师和咨询师等支付的费用,其中主要是向作为承销商的投资银行支付的费用,这一费用通常占到募集资金额的 2%～7%。间接成本是指 IPO 抑价,即 IPO 价格低于上市首日的市价,或上市首日有正收益。IPO 抑价是一个普遍现象。企业发行股票筹资,投资者认购股份,本质上是一个等价交换。上市后的股价应接近股份的真实价值,IPO 抑价意味着新股东以较低的价格得到了相应的股份,其所得正是原股东丧失的利益部分。另外,公司上市后,要面临信息披露合规性的压力。公司行为受到监管部门、分析师、机构投资者等主体的审视。

第二节 股票发行结构

一、发行类别

公司对外发行股份有增量发行(Primary Offerings)和存量发行(Secondary Offerings)之分。增量发行,也即新股发行,可增大公司的股本,给公司带来资金流入。存量发行是指公司上市前股东持有股份的发行,这部分发行不会增大公司的股本,而是股东之间的更换,自然不会为公司带来资金流入。在发达市场,首次公开发售的股票中有相当一部分就是存量发行。我国目前的 IPO 均为增量发行,并且对存量股部分在公司上市后的流通交易设有时间限制,这是由我国股市发展现状决定的,相信随着我国资本市场的不断发育与成熟,这一状况将会改变。

二、发行对象

公司发行股份的对象包括零售投资者(Retail Investors)和机构投资者(Institutional Investors)两类。如果发行对象仅限于诸如银行、共同基金、保险公司和养老基金等机构投资者,此为私募发行(Private Offering)。IPO 面向所有的投资者,属于公募发行(Public Offering)。在 IPO 中,面向机构投资者的发行份额通常占到总发行份额的 70%～80%。另外,在 IPO 定价确定过程中,机构投资者群体起到了关键作用。

三、发行与上市地点

公司公开发行股份时要考虑是在本国发行还是面向全球发行。公开发行与接下来的上市是紧密相连的。若选择在本国发行,自然是要在本国的证券交易所上市交易。如果是面向全球公开发行股份,就要选择位于国际金融中心的证券交易所挂牌交易。选择在不同国家或地区的交易所上市,除了满足上市地的注册要求外,还要考虑交易所的上市费用。不同国家或地区的证券交易所收取的初次上市费和年费是不同的(见表 2-1)。另外,国外企业的股份在美国发行和上市时采用美国存托凭证(American Depository Receipt, ADR)的形式。一份 ADR 代表国外上市企业一定数量的股份,这种形式旨在适应美国国内通常单位股份交易价格的状况。与美国存托凭证类似的是全球存托凭证(Global Depository Receipt, GDR),这是国外企业到欧洲发行和上市股份时采用的单位份额。

表 2-1 不同国家或地区的证券交易所收取的上市费用比较

比较	中国香港	美国	英国	新加坡
初次上市费用/美元	最高 84 000	最低 100 000	最低 200 最高 142 000	最低 1 430 最高 143 000
年费/美元	最低 14 000 最高 140 000	最低 15 700 最高 500 000	最低 2 100 最高 36 000	最低 285 最高 1 430

第三节 股票发行制度与承销方式

一、股票发行的两种基本制度

1. 注册制

股票发行注册制又称登记制,是指股票发行人于股票发行之前,必须依法将公开的各种资料准确、完整地向证券主管部门呈报,申请注册。证券主管部门要求发行人提供的各种资料真实有效。注册制遵循的是公开管理原则。

2. 核准制

核准制是指股票发行人除了必须提交发行股票所需要的各种材料外,还要符合若干实质性条件才能获得证券主管部门的批准。核准制要求的实质性条件一般包括:公司营业性质、管理人员资质、资本结构、近年来盈利状况、募集资金投向是否合理等。

比较股票发行的两种基本制度可以发现,注册制相对宽松,只要发行人提供的资料真实完整、商业经营模式清晰,就能予以注册,公司可以择机发行股份。该制度比较适合证券市场发展较为成熟、法制法规健全、行业自律性强、投资者素质较高的国家和地区。而核准制比较适合证券市场发展时间不长、

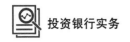

法制法规尚待进一步完善、普遍的企业家精神有待确立、投资者结构以及机构投资者的投资理念有待改善的国家或地区。

二、我国股票发行制度的选择

1. 额度制

在我国证券市场建立初期，国家将拟批准发行股票企业的数量分配到不同省份，具体实行于20世纪90年代初至2000年，带有计划经济的特征。这一阶段共有900多家企业发行股票，筹资总额达4 400多亿元人民币。

2. 核准制

我国实行的核准制又分为"通道制"和"保荐制"两个阶段。

通道制实行于2001年至2004年。2001年3月我国实行核准制下的通道制，即国务院证券管理部门向各综合类券商下达可推荐拟公开发行股票的企业数量，也就是通道的数量。只要具有主承销商资格，就可获得2～8个通道。这一阶段共有200多家企业发行股票，筹资总额达2 000多亿元人民币。

保荐制的全称是保荐代表人制度，实行于2004年11月。保荐制的主体由保荐人和保荐机构两部分组成，满足一定条件和资格的个人方可担任企业发行股票的保荐人，凡具有两个以上保荐人的证券公司（或资产管理公司）可成为保荐机构。保荐制就其本质来说，是希望对证券发行设立一个"第一看门人"。

3. 注册制

我国于2018年11月5日宣布设立科创板并在该板块进行注册制试点。科创板的正式成立时间是2019年3月22日。自科创板成立以来，已有200多家企业依照注册制获准发行上市，募集资金总额超过6 000亿元人民币。中国证监会于2023年2月1日发布通知，自2023年2月1日起我国正式启动全面实行股票发行注册制改革，此次注册制改革覆盖全国性证券交易所的各类股票发行行为。

三、股票的承销方式

投资银行的股票承销方式通常有包销、代销和余额包销三种。

1. 包销

包销（Firm Commitment）是最传统、最基本的承销方式，是指承销商按照协商的价格直接从发行人手中买进全部要发行的股份,然后再出售给投资者。该方式下,发行企业能尽快完成股份发行。承销商赚取买卖差价作为承销收入。包销方式下,承销商承担股份售价不确定的风险。在成熟的证券市场,当承销商对股票发行企业了解较多、前景较为看好时,倾向于采用这一方式。遇到股市整体波动较大时,为避免股市下跌造成所包销股票售价下降带来的损失,承销商(投资银行)通常采取做空股指期货的方式回避这一风险。

2. 代销

代销(Best Efforts)是指发行人与承销商(投资银行)为委托代理关系,承销商(投资银行)按照推销出股票的多少收取承销费,不承担股票不能按期全部售出的风险。

3. 余额包销

余额包销(Standby Commitment)是介于上述两种承销方式之间的一种承销方式,是指在协议规定的承销期内,承销商尽力推销,承销期过后,对未售出的股票,承销商按事先商定的价格买下。目前我国多采用余额包销这一方式。

案例 2-1 为中国交建 IPO 承销案例。

【案例 2-1】 据新浪网 2012 年 2 月 18 日报道,根据中国交建公布的发行结果,发行价格最终确定为 5.4 元/股。本次发行的全面摊薄市盈率仅为 7.68 倍,创下 2009 年新股重启以来的新低。尽管市盈率创下新低,但机构的认购热情并不高。网下机构按发行价申购量不足网下申购总量的两成。最终,只得由担任此次主承销商的中银国际、国泰君安和中信证券三家组成的承销团耗资 5.52 亿元包销余下的 1.23 亿股。尽管已经将融资额由此前的不超过 200 亿元大幅缩减至 50 亿元,但中国交建还是刷新了 A 股市场的一项新纪录——自 2005 年实施 IPO 询价制度以来七年首次出现主承销商包销现象。

第四节　IPO 承销业务的开展

一、投资银行开展 IPO 承销工作的关键步骤

IPO 承销过程的周期通常为四至六个月。涉及三个主要阶段:

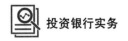

1. 准备阶段

首先是拟进行IPO的企业物色主承销商,即投资银行。发行企业在选择IPO主承销商时,通常关注投资银行的以下方面:成功开展IPO所必备的能力、整体声誉、研究实力以及行业专长。确定好主承销商后,主承销商对拟上市企业开展尽职调查,包括商业尽职调查和合规性尽职调查,起草招股说明书,向证券发行主管部门和股票交易所递交申请。

招股说明书是对公司经营状况的充分披露,投资者据此对该股的投资价值作出评判,也是日后起诉公司存在欺诈的关键证据。典型的招股说明书包括如下信息:可能影响未来经营业绩的风险因素、公司战略、竞争优势、管理团队的素质和经验、募集款项的使用等。

2. 接洽市场

该阶段首先是发布IPO前的研究报告。此时IPO是否获准公众尚不知情。该研究报告是由参与此次发行的投资银行分析师提供的。紧接着是静默期,其间该投资银行不能发布其他任何有关该发行企业的信息。

待研究报告发布和IPO向公众披露后,投资银行就要进行预营销工作,非正式地向机构投资者(多为该投资银行的一批忠实的关键客户)征求对此次发行的真实看法,这一过程是保密的。预营销工作旨在为接下来的定价区间的确定打下基础。

定价区间的确定是至关重要的一步。定价区间的差异很大,通常在中间价上下有10%~20%甚至更大的变动幅度。具体定价区间是根据投资银行尽职调查对发行企业的估值结合预营销环节关键机构投资者的意向来确定的。

一旦定价区间确定,路演即开始。路演通常需要几周时间,由发行企业管理层和投资银行向机构投资者宣讲有关发行情况,与一部分投资者会面,与最重要投资者进行一对一接洽。路演通常只邀请对此次发行最感兴趣的投资者参加宣讲活动。路演期间,机构投资者开始下订单,订单账簿工作同时进行。此时机构投资者的订单不具有约束力,仅作为投资银行配售股票份额的依据,可以撤单。由于投资银行在配售股票份额上拥有绝对的权力,因此机构投资者必然会真诚地递交订单,以避免给该投资银行留下不好的印象,从而影响之后的股份申购,失去投资机会。

当投资银行汇集了机构投资者的充分订单信息后,通常确定一个 IPO 最高价格,以此启动网上申购。

3. 公开上市

一旦订单账簿工作结束,发行人和投资银行就共同把发行价格确定下来。发行企业自然希望发行价格尽可能高些,而投资者则希望新股价格低些,从而能在二级市场获利更多。投资银行居于两者之间,要处理好与两者的关系:一方面要尽可能使股价接近真实价值,保证发行企业原股东的利益;另一方面也要使投资者有钱赚。从这个角度讲,发行定价是对投资银行协调两方面客户利益能力的考验,是一门艺术。

欧洲的 IPO 价格通常位于路演开始时确定的价格区间内,超出该区间的情况不到 20%,而美国的 IPO 价格不在该区间的情况约占 50%。

发行价格确定后,由投资银行向参与申购的机构投资者进行配售,配售份额由投资银行酌情决定。对零售投资者的配售份额一般通过摇号进行。配售结束后,接下来就是股票上市交易。如果在承销协议中发行企业赋予投资银行超额配售期权,那么承销商在股票上市后的 30 个交易日内,可以根据市场股价情况决定是否行使该期权,从而起到稳定该股票价格的作用。

二、超额配售选择权

1. 超额配售选择权的概念

超额配售选择权(Overallotment Option)是发行人赋予承销商可以依据上市后 30 个交易日内股价表现,决定是否要求企业按照发行价格增发一定比例股份(一般不超过基本发行规模的 15%)的权利。通常承销商先从大股东手中借入相应股份配售给投资者(此为承销商的卖空头寸),这部分售股资金先放在承销商的账户上。当发行后股价上涨时,承销商会要求发行企业增发相应股份;当发行后股价下降时,承销商则从二级市场上购入相应股份。该期权最早在 1963 年美国的一家叫绿鞋制造企业的 IPO 中使用,因此又称为绿鞋期权(Green Shoe Option)

2. 超额配售选择权在 IPO 承销中的应用案例

案例 2-2 是超额配售期权在 IPO 承销中应用的一个案例:

【案例 2-2】 某公司此次 IPO 的基本股份数量为 2 亿股,赋予投资银行绿鞋期权的规模为2 000万股。假定IPO价格为20元/股。在这种情况下，投资银行一般会向投资者配售2.2亿股，其中的2 000万股是从发行企业的大股东那里借来的，此即投资银行的卖空头寸。配售完成后，投资银行将基本股份配售所得资金40亿元支付给发行企业，超额配售所得资金4亿元暂时在投资银行账户上。又假设承销费率为5%（占企业IPO募集资金的比例）。考虑上市后30个交易日内的两种不同情形：

情形一　股价降至19元/股。此时由于市价低于绿鞋期权的执行价格（即发行价），投资银行不执行该期权，而是用超额配售股份的账户资金从二级市场上以市价购入2 000万股股份，归还发行配售时从大股东手中借入的这部分股份。其结果是，投资银行的承销费收入为：40×5%＝2亿元，卖空股票头寸所得：0.2亿股×(20－19)元/股＝0.2亿元。投资银行此次IPO承销发行所得共计2.2亿元。发行企业扣除承销费（这里忽略其他发行费用）后筹得资金净额为38亿元。当然，投资银行从承销收入最大化的角度，并非低于发行价的任一价格都不执行绿鞋期权，而是权衡哪种方式更合算。读者据此很容易确定出从市场购入股份赚取价差与要求企业增发股份收取承销费两者相等时的市价均衡点。

情形二　股价升至21元/股（或高于发行价20元/股的任一价位）。这一情形下，投资银行自然是选择执行期权，要求发行企业增发股份2 000万股，将超额配售的账户资金4亿元支付给发行企业。这样一来，投资银行将得到超募资金部分的承销费，即4×5%＝0.2亿元。发行企业实际净募集资金额为：44×(1－5%)＝41.8亿元。

第五节　IPO价格确定机制

IPO价格确定机制是股份发行过程中的关键一步，投资银行的作用与此密切相关。事实上，IPO过程、投资银行在其中的职能、投资银行收取的承销费以及IPO的其他方面均依赖于所使用的价格确定机制。

IPO价格确定机制有询价（Book-Building）、固定价格（Fixed Price）和拍卖（Auctions）三种。询价机制是目前国际上最为常用的方法，也是本节要重点阐述的内容。

一、询价机制

1. 询价机制的概念

询价机制又称为公开价格法(Open-price Approach),是在主承销商与发行企业事先确定的发行价格区间的基础上,在路演中由主承销商汇集来自机构投资者的非约束性订单,从而确定发行价格。路演通常用时一到两周,具体视发行规模而定。机构投资者可以在路演期间的不同时间、以不同种类的订单提交,也可以对提交过的订单提出修改甚至撤回。当账簿登记工作结束时,主承销商与发行企业协商发行价格。主承销商自行决定配售给各机构投资者的股份数量。在投资银行看来,拥有股份配售自主权,有利于他们将股票交到"可靠人"手里。当然,这一做法也有基于订单信息质量方面的考量。

2. 订单类型

机构投资者提交的订单主要有以下三种类型:

一是敲定订单(Strike Bid),即提出认购股份的数量(或金额),而不论发行价格多少。

二是限价订单(Limit Bid),即明确对认购股份所愿意支付的最高价格。

三是阶梯订单(Step Bid),即以阶梯价的方式提交相应的认购数量。

下面以一个简化的订单账簿表说明之。表 2-2 中订单 1 为敲定订单,表明该投资者愿意认购 2 000 000 股,不论发行价格是多少。订单 2 也是敲定订单,是以货币单位表示的,表明该投资者愿意认购股份的总金额,而不论发行价格是多少。订单 2 后续又修改了两次。订单 3 为阶梯订单,表明该投资者在不同发行价格时对应的认购量。订单 4 为限价订单,表明在发行价格不高于 20 美元/股时愿意认购 30 000 股。订单 5 仍为敲定订单,表明投资者愿意认购总金额为 4 000 000 美元的股份,不论发行价格是多少。

在 IPO 中,发行价格是核心问题,而信息对发行价格的确定至关重要。路演过程是一个互动过程,一方面是发行企业和投资银行介绍企业情况,让机构投资者更多地了解企业;另一方面,投资银行和发行企业也从机构投资者中获取信息。机构投资者提交的订单反映了他们对发行企业的评判,同时是对此次发行的需求。把所有投资者的需求汇总即是市场总需求。

表2-2 订单账簿举例

订单编号	订单数量	订单类型	限定价格
1	2 000 000 股	敲定	
2	10 000 000 美元 6 000 000 美元 2 000 000 美元	敲定（货币） 敲定（货币） 敲定（货币）	
3	100 000 股 50 000 股	阶梯 1 阶梯 2	20 美元/股 22 美元/股
4	30 000 股	限价	20 美元/股
5	4 000 000 美元	敲定	

通过询价，投资银行试图得到潜在投资者的真实信息。问题是这些投资者会倾向于部分掩盖其真实意向，从而希望把发行价格压低。投资银行可通过适当的 IPO 折价和配售策略解决这一问题：在配售折价的股份份额时，优先照顾表现出强烈意向的机构投资者。由此看来，IPO 折价这一现象在所难免。

在订单账簿工作中，投资银行分析机构投资者提交的订单，不仅要看数量和价格，而且还要看质量。对于任一价位，需求是依照订单质量分类的。排序标准与订单（敲定、限价和阶梯）中包含的信息内容有关。在其他情况相同的情况下，等级 1 的订单在股份配售时会被优先考虑。

3. 影响订单排序的因素

为了理解投资银行在配售股份中采用的标准，首先定义原始配给比率（Raw Rationing）这一概念。订单提交者的原始配给比率为配售到的股份数与要求的股份数之比。该指标之所以冠以"原始"二字，是因为它还不能提供真正有用的信息，因为超额认购倍数对其影响极大。超额认购倍数是股份总需求与总供给之比。下面给出对原始配给比率进行修正的一个指标——正常化配给比率（Normalized Rationing）。订单提交者的正常化配给比率是该投资者的配售百分比与其订单百分比的比率，其中投资者的配售百分比为该投资者得到的配售股份数占全部发行股份数的百分比，投资者的订单百分比为该投资者的订单规模占全部需求量的百分比。推导可知,正常化配给比率等于原始配给比率乘以超额认购倍数。正常化配给比率可以体现投资者订单的等级。如果投资银行按照各投资者提交的订单数量占比来配售,此时正常化配给比率为1。因此,若某投资者的正常化配给比率大于1,表明该投资者相较于按比例配售得到了投资银行的优先考虑,其订单等级靠前;若这一比率小于1,表明投资银行没有给予该投资者优先考虑,其订单等级靠后。

国外有不少文献对影响投资者正常化配给比率即订单排序的因素进行了实证研究,主要结论如下:第一,订单规模对正常化配给比率有正向影响,表明较大的订单更会得到优先考虑,即大订单有利于订单排序;第二,较早提交的订单被认为所含信息质量不高,从而不利于订单排序;第三,经过修改的订单被认为信息质量高,有利于订单排序;第四,主承销商更青睐参与新股认购次数多的机构投资者,认为他们的订单信息更为可靠;第五,本国投资者的订单相较国外投资者更受重视;第六,相较于其他因素,订单是否提交给主承销商或承销团成员对投资者的正常化配给比率影响最大,订单直接递交给主承销商会得到优先考虑,因为主承销商决定股份配售,而订单直接递交给主承销商销售团队可增加其承销费收入;第七,具有长期投资特征的机构投资者如养老基金和保险公司的订单更会得到优先考虑。

二、固定价格机制和拍卖机制

1. 固定价格机制

该机制曾经是欧洲 IPO 价格确定机制的标准做法,但近多年来已很少使用了,尤其是规模大的股份发行。该机制的主要特征是发行企业和投资银行在投资者订单递交前就把发行价格确定下来。当投资银行与发行企业签订股票销售协议为包销或代销时,均使用固定价格机制。

2. 拍卖机制

历史上,该机制最不常使用,仅在法国采用过几次。然而现在采用这一机制的发行企业正在增加,一个显著的例子是 2004 年谷歌 IPO 价格的确定采用了拍卖机制。按照这一机制,所有的投资者被邀请来竞购该股票,一旦认购量达到发行规模,就按照单一的出清价格向投资者配售股份。尽管询价制也是汇总订单后确定的发行价格,但与拍卖机制存在根本区别:询价制中的价格

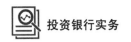

和配售规则是不透明的,主承销商拥有自行决策权。

三、我国新股发行价格方式

1. 我国新股发行价格方式演变的几个阶段

第一阶段,在 2000 年以前,A 股初次发行定价,大部分采用市盈率定价法,即发行价＝每股税后利润×参照市盈率。我国在 1998 年底以前一直规定新股发行市盈率一般不得超过 15 倍。由于当时我国新股发行客观上供小于求,结果造成二级市场股票市盈率都在 30 倍以上。

第二阶段,从 2001 年 3 月至 2004 年,中国证监会决定一级市场定价放开,定价的方法以发行公司与主承销商双方认定的为准,即采用协商定价法。

第三阶段,从 2005 年起我国推行询价制。而根据询价制的要求,新发股票价格的确定须经过机构投资者等认可,且要以书面形式向不少于 20 家(发行数量 4 亿股以上的,不少于 50 家)询价对象进行初步询价,并根据询价结果确定发行价格区间。

为确保这些机构定价尽可能公平合理,新制度还要求参与累计投标询价的询价对象(基金公司、证券公司、信托公司、财务公司、保险机构和合格境外机构投资者及其他证监会认可的机构)限额购买新股票,并至少持有三个月的时间。

2. 我国新股发行价格确定的具体案例

案例 2-3 是我国新股发行价格确定的具体案例。

【案例 2-3】 询价制下的 IPO 案例——中国银行 2006 年在 A 股市场的首发

一、基本情况

2004 年 8 月,中国银行宣布,由国有独资商业银行整体改制为国家控股的股份制银行——中国银行股份有限公司。经国务院批准,中央汇金投资有限责任公司代表国家持有中国银行股份有限公司百分之百股权,依法行使出资人的权利和义务。

中国银行股份有限公司注册资本 1 863.90 亿元人民币,折 1 863.90 亿股。

2006 年 6 月,中国银行股份有限公司经中国证监会核准,在 A 股市场首次公开发售不超过 100 亿股 A 股股票,募集资金不超过 200 亿元人民币。本次公开发行后,中国银行总股本不超过 2 573.456 56 亿股,发行 A 股占总股本不超过 3.886%。

由于中国银行 A 股发行的重要性,保荐机构为中国银河证券、中信证券和国泰君安证券,财务顾问是中银国际,其中中国银河证券担任主承销商。发行方式采用向 A 股战略投资者定向配售、网下向询价对象询价配售与网上资金申购定价发行相结合的方式。

此次发行,向战略投资者配售 20%,持股锁定期为 18 个月;网下配售 32%,股票锁定期 50% 为 3 个月,50% 为 6 个月;其余 48% 为网上定价发行,网上申购以询价区间上限申购,成交后向申购者返还差价。

二、初步询价阶段

2006 年 6 月 12—16 日,主承销商对证券投资基金管理公司、证券公司、信托投资公司、财务公司、保险公司和合格境外机构投资者(QFII)共计 116 家询价对象进行了初步询价。

发行人和主承销商根据初步询价情况并综合考虑发行人基本面、所处行业、可比公司估值水平及市场情况,同时参考发行人 H 股发行价格及 H 股上市后的交易情况,确定本次网下配售对象累计投标询价区间为 3.05~3.15 元/股。

三、最终询价

中国银行首次发行 A 股网下申购工作于 2006 年 6 月 20 日结束。在规定时间内,主承销商根据收到的有效申购表,确定本次发行价为 3.08 元/股,对应市盈率为 24.23 倍。

第六节　IPO 估值

企业首次公开发行股份,核心的问题就是发行价格的确定。IPO 定价可以说部分是科学,部分是艺术。其科学部分在于估值方法的选取与应用,尽力寻求真实价值;其艺术部分体现在发行过程中对参与各方情绪的调动和利益的协调。前面讲述的是 IPO 过程中的市场接洽环节即体现投资银行在发行定价中的"艺术"部分。在路演开始时,主承销商要向机构投资者发布价格区间,

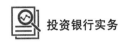

以接受投资者的询价。该价格区间的确定,是投资银行基于对发行企业的尽职调查,选取科学的估值方法得出的。接下来阐述常用的 IPO 定价估值方法、企业经营价值评估综合框架以及考虑发行费用时 IPO 发行价格的确定。

一、常用的 IPO 定价估值方法

1. 可比公司法

可比公司法(Comparable Companies Analysis, CCA)是指选取可比公司和合适的比率,通常以可比公司的市盈率(P/E)或企业价值与息税折旧及摊销前盈余之比(EV/EBITDA)为依据,相应地乘以待估值企业的每股盈余或息税折旧及摊销前盈余(EBITDA),进而得出每股价值或企业价值。由于息税折旧及摊销前盈余不受企业资本结构和折旧摊销会计政策的影响,能较为客观地反映企业营利水平,因此相较于 P/E,EV/EBITDA 为业界所常用。然而要真正找到一家经营状况十分相近、已上市的可比公司并不容易,因此实务中通常选取多家可比公司,最终的估值(或估值区间)经加权得出。

当采用市盈率这一比率时,选取可比公司的市盈率作为待估值企业的市盈率,再预测该待估值公司下一年的盈余水平,两者相乘可得该公司的总市值,最后将这一总市值除以公司的总股份数(含计划新发股份数)即是每股发行价值。譬如,选取的可比公司的市盈率为 30,预计待估值公司下一期的盈余为 2 亿元,从而考虑发行股份后该公司的总市值为 60 亿元。假定该公司 IPO 后总的股份数为 4 亿股,那么每股发行价格应为 15 元。上述估值没有考虑 IPO 的承销保荐费用、审计费用、法律费用、信息披露费用以及其他费用。假设上述公司 IPO 费用总计为 0.8 亿元,那么每股发行价格应为:(60 − 0.8)/4 = 14.8 元。

选取可比公司要依据业务状况和财务状况两个方面,具体见表 2-3。

表 2-3 可比公司筛选依据

业 务 状 况	财 务 状 况
行业	规模
产品与服务	盈利性

续表

业 务 状 况	财 务 状 况
客户情况	成长性
销售渠道	投资收益
地理位置	信用状况

注：来源 Joshua Rosenbaum，Joshua pearl.Investment Banking（Valuation，Leveraged buyouts，and Mergers & Acquisition），John Wiley & Sons，Inc.，2009

2. 现金流贴现法

现金流贴现法（Discounted Cash Flow，DCF）的关键在于对企业经营价值（enterprise operating value）的估值，即基于未来经营资本所产生的自由现金流，选取合适的折现率进行折现得出。投资银行通过尽职调查，与业界相关人士深入沟通，对企业未来现金流状况作出尽可能合理的预测。通常对未来几年（如5～7年，称为明确期）的销售收入、经营成本、营运资本和固定资本支出进行详尽预期，从而得出每期的自由现金流。然后对其后（称为终期）的自由现金流进行预测，通常假设在明确期最后一期自由现金流的基础上按一定比率增长或稳定下来。最后根据企业未来自由现金流的风险状况，选择合适的贴现率（即加权平均资本成本），用公式表示，常用的估值模型为：

$$V=\sum_{t=1}^{n}\frac{FCF_t}{(1+WACC)^t}+\frac{FCF_n(1+g)}{(WACC-g)(1+WACC)^n} \qquad (2.1)$$

式中 V 为企业的经营价值，g 为自由现金流在终期的增长率，FCF_t 为第 t 期假定全股权资本下的自由现金流，$WACC$ 为加权平均资本成本，即 $WACC=W_d\times r_d\times(1-T)+W_e\times r_e$，其中债务成本 r_d 的确定方面，银行贷款债务成本则取其贷款利率，发行债券的债务成本则取其债券的到期收益率，r_d 为两者的加权平均；股权成本 r_e 的确定下文有具体论述；W_d 和 W_e 分别为债权权重和股权权重，取决于公司的目标资本结构。

第 t 期经营性自由现金流 FCF_t 的计算公式为：

$$FCF_t=扣除调整税后的净经营利润-投资资本净增量 \qquad (2.2)$$

其中:

$$投资资本净增量 = 营运资本投资 + 固定资产净投资 \\ + 无形资产和商誉净投资 \quad (2.3)$$

$$营运资本 = 流动资产 - 非附息流动负债 \quad (2.4)$$

$$扣除调整税后的净经营利润 = 净销售收入 - 商品销售成本 \\ - 经销及行政开支 - 调整税 \quad (2.5)$$

为了计算扣除调整税后的净经营利润,需要对损益表作出如下调整:一是不从经营利润中扣除利息;二是要去除任何非经营收入以及由不计入投资资本的资产所产生的回报或损失;三是要计算调整税,须从财报的税收开始,将由利息导致的税盾加回去,并减去由非经营收入产生的税收。这样得到的税收就等于假设企业全部为股权所有且只考虑经营业务所产生的税收。

由上述表述可知,扣除调整税后的经营利润和自由现金流是独立于非营业项目和资本结构的。

股权成本 r_e 可由资本资产定价模型(CAPM)来确定,即:

$$r_e = r_f + \beta[E(r_M) - r_f] \quad (2.6)$$

式中的 β 值可由可比公司的 beta 值(记为 β_c)通过去杠杆、加杠杆得出。

首先是去杠杆,即由可比公司的 β_c 得出对应的不含财务杠杆的 beta 值(记为 β_u),β_u 仅仅反映企业的经营风险,常用公式为:

$$\beta_u = \frac{\beta_c}{\left[1 + \left(\frac{D}{E}\right)_c \times (1-t)\right]} \quad (2.7)$$

式中,$\left(\frac{D}{E}\right)_c$ 是可比公司目标财务杠杆,即其债务股本目标市值比率,t 为所得税率。

其次是加杠杆,由不含财务杠杆的 β_u,使用 IPO 公司的财务杠杆,从而得出 IPO 公司的 β 值,即:

$$\beta = \beta_u \left[1 + \frac{D}{E} \times (1-t)\right] \quad (2.8)$$

式中，$\dfrac{D}{E}$ 为 IPO 公司目标财务杠杆，即债务股本目标市值比率。

IPO 企业价值（Enterprise Value，EV）即企业的经营价值与非经营性资产价值之和。其中，非经营性资产是指企业拥有的富余现金、有价证券、富余房地产、非形成控制的长期股权投资等。经营性自由现金流不包括来自非经营性资产的现金流，每项非经营性资产的价值单独计算，通常取其市值。

确定 IPO 企业价值 EV 后，归属于待估值企业普通股的价值，即权益价值，其计算公式为：

$$\text{权益价值} = \text{企业价值} - \text{银行贷款和发行的债券等附息债务价值} - \text{少数股东权益价值} \qquad (2.9)$$

其中少数股东权益是指拟上市公司控制的子公司中由第三方持有的股份。需要指出的是，少数股东权益仅是对子公司的一种要求权，因此对其估值，应该直接与子公司有关，而不是整个公司。

最后再把权益价值除以企业预计发行后的总的普通股股份数，即可得到企业的每股价值，此即企业 IPO 的理论价值。

3. 调整现值法

在利用现金流贴现法对企业价值进行评估时，通常会把加权平均资本成本（WACC）作为一个常数对未来现金流进行贴现，把 WACC 视为常数是基于企业将其负债比率固定在某一目标值上这一假设的。然而企业也可能将大幅调整资本结构，此时再利用固定的 WACC 来贴现就会严重失真，逐年调整 WACC 又会使得定价过程复杂化。因此，可以考虑采用调整现值法（Adjusted Present Value，APV）。

调整现值法把企业经营价值 V 分为两个部分：一是假定企业在全股权资本下计算相应的经营价值，记为 V_u，二是由债务融资所带来的税盾的价值，记为 V_{tax}，即 $V = V_u + V_{tax}$。V_u 通常可由以下公式得出：

$$V_u = \sum_{t=1}^{n} \frac{FCF_t}{(1+r_0)^t} + \frac{FCF_n(1+g)}{(r_0-g)(1+r_0)^n} \qquad (2.10)$$

式中，FCF_t 为第 t 期经营自由现金流，与现金流贴现法公式中的 FCF_t 一致，g 为终期经营自由现金流的增长率，n 为明确期的年限，式中的 r_0 为假定企业无财务杠杆时的资本成本。r_0 反映的仅是企业的经营风险(Business Risk),其可通过两种方法确定:一是选取可比公司,将其 β 值经去杠杆,得出无财务杠杆下的 β 值,再将这一 β 值代入资本资产定价模型,此即 r_0。二是预测每 1% 的 GDP 变化率所带来的待估值企业每股盈余变化率的大小,以此作为含财务杠杆的 β 值,再经去杠杆得出无杠杆的 β 值,最后代入 CAPM 得出 r_0。

关于税盾现值 V_{tax} 的确定,通常假定未来每年税盾的期望值为 $D \times r_D \times T$,其中 D 为债务资本当前价值,r_D 为债务成本,T 为所得税率。对未来税盾现金流的贴现率的选取,要区分现实中企业常采用的两种不同的融资策略。

一是债务固定策略,即企业将债务维持在一定金额上。此时可用债务成本 r_D 作为未来税盾的贴现率,则税盾现值为:

$$V_{tax} = \frac{D \times r_D \times T}{r_D} = D \times T \qquad (2.11)$$

二是债务再平衡策略,即企业每期都对债务资本进行调整,使其与企业经营规模保持一致。此时可用企业的全股权资本成本 r_0 来贴现,则税盾现值为:

$$V_{tax} = \frac{D \times r_D \times T}{r_0} \qquad (2.12)$$

也有学者提出用介于 r_D 和 r_0 的某一值作为税盾的贴现率,如以 $r_0 \left(\frac{1+r_D}{1+r_0} \right)$ 作为贴现率。

二、企业经营价值评估综合框架

在对企业经营价值评估的综合框架中,除了现金流贴现法(DCF)外,还提到了广受业界和学界关注的一个估值方法——实物期权分析法(ROA)。实物期权分析法主要适用于处于成长中的高科技企业以及拥有较多研发项目企业的价值评估。该方法在第五章"投资银行的私募股权投资业务"中专门论述。对企业进行估值进行尽职调查时,要着重了解财务报表看不到然而却是决定其竞争实力、支撑未来业绩状况的内在关键因素,即价值驱动因素。在此基础上,结合企业目前财务状况和行业整体情况,并与业界充分沟通,得出对企业未来财务状况较为客观的预测。最后选择合适的估值工具现金流贴现法

(DCF)和实物期权分析法(ROA)等,估算出企业内在的经营价值。估值评估分析框架如图2-1所示。

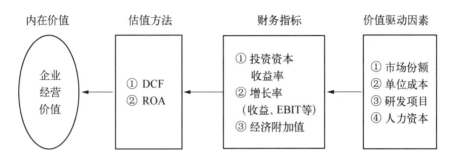

图2-1 企业内在经营价值评估分析框架

三、考虑发行费用时 IPO 发行价格的确定

1. 考虑发行费用时 IPO 发行价格的计算公式

企业首次公开发行股票,发行费用包括承销保荐费用、审计费用、法律费用、信息披露费用以及其他费用。IPO 发行包括新股发行和存量股发行,两者同样涉及发行费用,但新股发行的资金进入企业,存量股发行是股权在新老股东之间的转手,新股东购股的资金到了出售股份的原股东手中,并未流入企业。发达资本市场的 IPO 包括这两类股份的发行,目前我国的 IPO 还主要是新股发行。当考虑发行费用时,关于发行定价,存在以下基本事实,从而可以进一步明确实际股份发行时股价确定的底层逻辑。即:

发行价×新股发行数量＝筹资总额＝筹资净额＋发行费用 (2.13)

发行后总市值＝(发行前股本数量＋新股发行数量)×发行价 (2.14)

发行后总市值＝合适的市盈率×预测发行企业下一期的盈余水平

(2.15)

发行后总市值＝合适的 EV/EBITDA×预测发行企业下一期的 EBITDA
－债务资本价值 (2.16)

其中的市盈率是指企业发行后股权价值与下一期盈余之比,该市盈率可通过可比公司法得到。EV 是发行后的企业价值,EBITDA 为息税折旧和摊

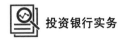

销前的盈余水平。

$$发行后总市值=企业价值-债务资本价值=(企业经营价值 \\ +多余资产的价值)-债务资本价值 \quad (2.17)$$

其中企业经营价值可由 DCF 法等估测，多余资产为没有投入主营业务的剩余资产，如用于理财的资产、多余的房产等，此类资产由其市场价值加总得出。债务资本价值为企业发行债券、银行贷款等债务的价值。

由上述关系式(2.13)、(2.14)和(2.15)，可以得出考虑发行费用、基于市场比较法中市盈率的确定发行股价的公式：

$$发行价=[合适的市盈率\times预测发行企业下一期的盈余水平 \\ -筹资净额-发行费用]/发行前股本数量 \quad (2.18)$$

由上述关系式(2.13)、(2.14)和(2.16)，可以得出考虑发行费用、基于可比公司法的 EV/EBITDA 的确定发行股价的公式：

$$发行价=[合适的 EV/EBITDA\times预测发行企业下一期的 EBITDA \\ -筹资净额-发行费用]/发行前股本数量 \quad (2.19)$$

根据上述关系式(2.13)、(1.14)和(2.17)，可以得出考虑发行费用、基于 DCF 法的确定发行股价的公式：

$$发行价=[企业经营价值+多余资产的价值-债务资本价值 \\ -筹资净额-发行费用]/发行前股本数量 \quad (2.20)$$

2. 中国建设银行与美国捷蓝航空公司上市案例

案例 2-4 是国内五大商业银行之一的中国建设银行的上市过程，案例 2-5 是美国捷蓝航空公司的上市案例。通过案例阅读，可以巩固对企业 IPO 环节的理解。

【案例 2-4】 中国建设银行在香港成功上市

作为第一家真正经历了市场洗礼的国有银行，中国建设银行(以下简称建行)在引入战略投资者的谈判技巧、承销商与上市地点的选择、上市定价技术把握等诸多方面积累的经验与教训，都足以对后来者乃至整个银行业改革进程产生深远影响。

上市前的重组改造:1998—1999年间,剥离不良资产;2003年初,接受中央汇金公司注资重组;2004年9月,成立股份公司;2005年6月,引入美国银行(Bank of America)和新加坡淡马锡控股公司(Temasek)作为战略投资者。

2005年3月1日,建行董事长张恩照突然辞职,花旗集团退出了建行战略投资者的角逐,6月17日,美国银行宣布以30亿美元入股建行。随后不久,新加坡淡马锡控股公司也和建行签订了以近15亿美元入股5.1%的协议,并承诺IPO时再购入10亿美元股权。

中金公司被选为建行在香港上市的主承销商。

2005年10月5日,建行承销团将价格区间确定为每股1.8~2.15港元之间,随即开始全球路演。伦敦、香港、新加坡、阿姆斯特丹、法兰克福、米兰……建行所到之处都受到投资者的热烈追捧,市场的热度大大高于之前预期。

10月10日当晚,在伦敦进行路演的建行高管层决定提价,将定价区间提高至1.9~2.4港元。这在当时首先受到了投资银行的反对,因为单方面提价会带来认购大户的不满。

10月19日,建行承销团在纽约商定,最终确定发行价为每股2.35港元,发行市净率为1.96倍(每股H股面值1元人民币)。

提价后,建行仍然获得了近10倍的国际超额认购。建行此次面向全球发售264.86亿股H股,发行比例为12%,全部上市流通。其中香港发售19.86亿股,占比7.5%;国际配售244.99亿股,占比为92.5%,发行总金额约为622亿港元,折合约80亿美元。

【案例2-5】 美国捷蓝航空公司的IPO过程

一、该公司的基本情况

1999年7月,39岁的大卫·尼尔曼宣布建立一个新航空公司的计划,提出"让人性关怀回归航空之旅"。

尽管在过去的二十多年间,美国航空业见证了87家航空公司的失败,但尼尔曼相信他对乘客、策略、技术等方面的创新承诺会使得他的计划丰满翔实,充满希望。

他的观点被一个新的管理团队和一个处在成长中的投资团队所欣赏。

大卫·巴杰尔,大陆航空公司前副总裁,已经同意担任捷蓝航空公司的总裁和首席运营官。约翰·欧文,西南航空公司的前掌门人,也已来到公司并担

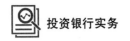

任捷蓝航空的 CFO。

尼尔曼的计划还得到了投资界的大力支持。他已经迅速地从一些知名风险投资公司，如韦斯顿普雷西迪奥资本、大通资本合作伙伴、量子工业合作伙伴（索罗斯的私人资本运营公司）等融到 1.3 亿美元。

在七个月的时间里，捷蓝航空公司已经组建了一支以 A320 空客为基础的小型飞行队伍，初始的服务航线为从纽约肯尼迪机场至佛罗里达州的罗德岱堡和纽约州的布法罗市。到了 2000 年夏季末，飞行路线增加了两个城市。到了 2002 年初，公司继续保持快速的发展，每天运行着 24 架飞机，108 次航班，可以到达 17 个目的地。

二、尼尔曼其人

捷蓝公司早期的成功主要归功于尼尔曼对航空业兴衰的准确把握以及丰富的经验。在他二十多岁的时候，虽然还是犹他州立大学的一名学生，但是他已经开始管理从盐湖城到夏威夷的低票价航班。他的莫里斯航空公司成为无票旅行的先驱，后来该公司被以低票价著称的西南航空公司收购。

他在西南航空公司无所事事，于是辞职到加拿大的低票价航空公司 WestJet 协助其发展，并且等待与西南航空公司不能展开竞争的期限到期。几乎同时，他开发了电子售票系统——开放式天空售票系统。这个系统被惠普于 1999 年收购。

三、捷蓝公司的定位

尼尔曼确信捷蓝公司的战略是建立在以"每件事都可以在飞行旅途中进行"为目标的基础之上的。该公司通过各种方式给顾客一个特别的飞行体验，诸如新的飞机、结构简单的低廉票价、皮质座椅、免费收看卫星电视和预订座位等。

捷蓝公司专注于点对点的服务来扩大平均票价较高、旅游市场旺盛的大都市区域范围，而这些航线尚有待进一步开发。捷蓝公司的运行策略使得其每公里可用座位耗用成本最低，如在 2001 年，该指标在全美的平均成本是 10.08 美分，而捷蓝公司仅为 6.98 美分。捷蓝公司通过提高服务质量为客户带来愉快的飞行体验，如安全可靠、低票价的航班。

捷蓝公司位于纽约市——全国最大的旅行市场，大约有 2 100 多万名潜在的客户。公司服务客户的策略大都建立在培养公司员工职业道德的基础之上,而公司员工职业道德的形成有赖于公司给予员工慷慨的报酬和与员工推心置腹地交流公司的愿景。

四、上市的动机

尽管美国的航空业面临各种挑战,但该公司自成立以来的这两年经营业绩一直不错,并且保持增长势头。

为了支持捷蓝航空公司的快速发展以及弥补其风险资本投资人的项目损失,管理层想通过IPO来进行融资。

五、IPO过程

整个IPO过程大概需要三个月的时间,并且是一件费力劳神的事。一家公司在首次公开发行之前,需要具备一系列的先决条件。譬如,公司必须拿出一个可信的商业计划,拥有合格的管理团队和独立董事,会计审计报告、业绩指标及预期等等。

通常情况下,在选定主承销商之前,公司会与很多投资银行举行商讨会议来讨论新股发行过程。考察承销商的几个重要方面是:提出的承销报酬方案、账簿管理、经销能力、分析研究支持和售后市场的决策支持。

捷蓝公司的IPO的重要参与者包括管理层、主承销商、会计师及审计人员、承销人和公司的法律顾问。捷蓝航空公司聘请摩根士丹利为主承销商。

IPO的准备过程中,美国证券交易委员会(SEC)禁止公司对公众泄露招股说明书以外的信息。公司可以继续进行正常的广告活动,但公司采取任何试图提高公司知名度及公众对公司股票认可度的公共活动都将被视为非法的,这一要求便是众所周知的公司"静默期"。

注册过程中一个关键点便是尽职调查的表现。尽职调查内容涉及查阅公司文件、合同、纳税情况,参观公司基础设施及拜访公司管理层,向公司审计人员征求告慰函,走访业内人士等。

捷蓝航空公司的股票发行区间在22~24美元。面对发行5 500万股规模的超额需求,管理层曾打算上调发行价格区间至25~26美元,即便在该价格区间,这个团队的大多数人认为股票依然会面临井喷式的需求。

向投资界举行路演推介大约两周后,捷蓝航空公司的管理团队就已经完成了其最终的投资者简报并前往芝加哥中途岛机场。摩根士丹利的相关人员和捷蓝航空公司董事会在电话会议上讨价还价,该是他们对新股发行价格达成一致意见的时候了。

承销商渴望那天晚上就把股票给分销了,并且纳斯达克已经为JBLU(公司的股票代码)明天能够在交易所上市做好了准备。

本章思考题

1. 谈谈IPO定价的市场比较法和DCF法的具体应用。
2. 如何理解IPO定价"部分是科学,部分是艺术"?
3. IPO主承销商如何利用绿鞋期权稳定上市初期的股价?
4. IPO主承销商的主要工作有哪些?

第三章

投资银行的金融衍生品业务

投资银行素有"金融工程师"之称,不断开拓创新是其行业特征。顾客的需求是多样化且不断变化的,设计出符合客户特定需求的金融衍生品是投资银行创新的具体体现。定制化的金融衍生品通常可以分解为多个标准期权以及奇异期权的组合,因此头寸分解法对复杂的金融衍生品的设计与定价很有帮助。本章在对金融衍生品的探讨时将贯穿这一理念。另外,本章对互换合约的讲述会给人以启发,互换合约无处不在。

第一节 金融衍生品概述

一、金融衍生品的分类及特征

金融衍生品通常可分为四类:远期合约、期货合约、互换合约和期权合约。远期、期货和互换合约,三者本质上是一样的,对签约双方都意味着具有未来履约的义务,签约时合约价值均为零,因此企业在利用这三种金融衍生品套期保值时不做账务处理。远期交易发生在金融机构和客户之间,合约的交易规模和交割日期都是根据客户的特定需要而签订的,而期货交易双方是通过期货公司在期货交易所进行的,合约的交易规模和到期月份的交割日都是统一的,因此期货合约可认为是标准化的远期合约。此外,期货交易的双方都要开设保证金账户,交易所对客户进行期货交易都有保证金比例要求。开始期货交易时有初始保证金比例要求,在期货合约到期或提前了结头寸之前,有维持保证金比例要求，一旦低于该比例，会收到追加保证金的通知，若未及时补充保证金，交易所将强行平仓。进行期货交易选择到期交割的占比不大，据统计大约为5%，而绝大多数是为了投机，到期之前选择对冲交易，结清头寸。远期交易没有固定场所，是在金融机构柜台(OTC)进行的，金融机构一般不要求客户交付保证金，客户进行远期交易的目多是为了套期保值。互换合约可视为一系列不同期限的远期合约的组合。

期权合约与其他三种衍生品有本质区别，期权合约签约时具有价值，期权价格也被称作期权费(Option Premium)，布莱克-斯科尔斯模型(简称B-S模型)就是对标准欧式期权定价的。以股票期权为例，支付期权费的一方为期权持有人，拥有未来一定期限内购买(或卖出)一定数量指定股票的权利(而非义务)。从事金融衍生产品的主要金融机构有投资银行、商业银行、保险公司、期货公司、信托投资公司、金融租赁公司和汽车融资公司等。目前我国推出的金融衍生品有货币和利率远期合约、商品期货和远期、利率和货币互换、股指期货、国债期货以及回购协议等。

二、金融衍生品的基本功能

金融衍生品的基本功能包括套期保值、投机、锁定无风险套利利润以及改变资产和负债的状况。

利用金融衍生品套期保值是指交易者在金融衍生品上持有与现货相反的头寸，且规模相当。譬如，某石油开采企业，可以根据未来原油销量做空相应规模的原油期货合约，锁定到时的销售收入；或者买入相应规模的原油看跌期权，确保到时销售收入在某一水平之上。

利用金融衍生品投机是指交易者在金融衍生品上持有一定的头寸，但在现货上并没有相反的头寸相对冲。比如，某交易者基于未来原油价格走势的判断，纯粹在原油衍生品上做多或做空，这就是在利用金融衍生品投机。再比如，某石油开采企业，未来拥有原油现货多头，由于对未来原油价格过分看好，又做多了原油期货或购买了原油看涨期权，这就属于利用金融衍生品投机了。现实中这样的例子并不少，一些上市公司不是在主业上努力，而是想赚快钱，借套保之名，行投机之实，结果套保巨亏消息频频见诸媒体，值得警醒。

利用金融衍生品锁定无风险套利利润，是指利用金融衍生品构造一个净投资为零的投资组合,该组合可带来确定的收益。比如,如果投资者在某一交易时点发现人民币对美元的远期汇率升贴水幅度与中美两国利差不一致,就可以利用远期汇率合约赚取无风险收益。当然,这样的投资机会不可能持续太久。金融市场越有效,这样的机会越难发现。正是基于此,我们在对金融衍生品定价时,常常假设市场上不存在无风险套利机会(No Arbitrage Opportunity),进而得出各种平价关系。

利用金融衍生品可以改变资产或负债的状况,是指交易者利用金融衍生品使得其持有的资产或负债的未来现金流发生变化。本章第三节中有这方面的具体例子,这里不再赘述。

第二节 期权合约中头寸分解法的具体应用

在金融产品设计中,不同期权的灵活应用尤为明显。许多看似复杂的金融合约,都可以拆分为几个标准期权及奇异期权的组合,从而使得定价不再困难,这就是头寸分解法(Position Decomposition)。头寸分解法的原理是:把一个复杂的金融合约(产品)分解成容易估值的几个资产头寸的组合,这一组合的未来现金流与该复杂金融合约的现金流完全一致,这样的组合被称为是对该复杂金融合约的复制,根据无套利均衡理论,这几个资产当前价值的代数和(多头取正值,空头取负值)即是该复杂金融合约的当前价值。其实,掌握了头寸分解方法,通过对复杂金融产品的拆分,不但可以方便估值,而且提供了将不同头寸的资产组合在一起、设计出新的产品的思路。

利用好头寸分解方法的关键是熟知两类标准期权——买权、卖权和典型的奇异期权——二项期权,明晰相应多头和空头的头寸结果以及它们的定价公式。

一、两类标准期权——买权、卖权

1. 买权头寸分析

(1) 多头买权(Long Call Options)。记标的变量于期权到期时的价值为 S_T,期权的执行价格为 X,则于期权到期时,多头方(期权持有人)的所得(Payoff)为 $\max(S_T - X, 0)$，即(表 3-1)：

表 3-1 多头买权到时所得

$S_T \leq X$	$S_T > X$
0	$S_T - X$

（2）空头买权(Short Call Option)。空头期权即出让买权，则于期权到期时，空头方亦即出让人的所得为 $-\max(S_T - X, 0) = \min(X - S_T, 0)$，即(表 3-2)：

表 3-2 空头买权到时所得

$S_T \leq X$	$S_T > X$
0	$-(S_T - X)$

2. 卖权头寸分析

（1）多头卖权(Long Put Option)。卖权的持有人于期权到期时的所得为 $\max(X - S_T, 0)$，即(表 3-3)：

表 3-3 多头卖权到时所得

$S_T \leq X$	$S_T > X$
$X - S_T$	0

（2）空头卖权(Short Put Option)。卖权的出让人于期权到期时的所得为 $-\max(X - S_T, 0) = \min(S_T - X, 0)$，即(表 3-4)：

表 3-4 空头卖权到时所得

$S_T \leq X$	$S_T > X$
$-(X - S_T)$	0

二、典型奇异期权——二项期权头寸分析

二项期权(Binary Option)属于欧式期权,包括现金或零期权(Cash-or-Nothing Option)和资产或零期权(Asset-or-Nothing Option)两大类。

1. 现金或零期权

现金或零期权又细分为现金或零买权(Cash-or-Nothing Call)和现金或零卖权(Cash-or-Nothing Put)两类。

(1) 现金或零买权。此买权规定于期权到期时,若标的资产价值超过某一数额,持有人可获得确定的金额;否则,所得为零。记标的资产到期值为 S_T,执行价格为 X,到期确定的金额为 Q,则该期权多头方即持有人于期权到期时的所得可表示为(表 3-5):

表 3-5 多头现金或零买权到时所得

$S_T \leqslant X$	$S_T > X$
0	Q

该期权空头方即出让人的到期时的所得可表示为(表 3-6):

表 3-6 空头现金或零买权到时所得

$S_T \leqslant X$	$S_T > X$
0	$-Q$

(2) 现金或零卖权。此卖权规定于期权到期时,若标的变量资产的价值小于某一数额,持有人可获得确定的金额;否则,所得为零。记标的资产到时的价值为 S_T,执行价格为 X,到期确定的金额为 Q,则该期权多头方即持有人于期权到期时的所得可表示为(表 3-7):

表 3-7 多头现金或零卖权到时所得

$S_T \leqslant X$	$S_T > X$
Q	0

该期权空头方即出让人的到期时的所得可表示为(表3-8):

表3-8 空头现金或零卖权到时所得

$S_T \leq X$	$S_T > X$
$-Q$	0

2. 资产或零期权

资产或零期权同样可具体分为资产或零买权(Asset-or-Nothing Call)和资产或零卖权(Asset-or-Nothing Put)两类。

(1) 资产或零买权。此买权规定于期权到期时,若标的资产价值超过某一数额,持有人可获得该标的资产;否则所得为零。记标的资产到期值为S_T,执行价格为X,则该期权多头方即持有人于期权到期时的所得可表示为(表3-9):

表3-9 多头资产或零买权到时所得

$S_T \leq X$	$S_T > X$
0	S_T

该期权空头方即出让人的到期时的所得可表示为(表3-10):

表3-10 空头资产或零买权到时所得

$S_T \leq X$	$S_T > X$
0	$-S_T$

(2) 资产或零卖权。此卖权规定于期权到期时,若标的资产价值不大于某一数额,持有人可获得该标的资产;否则所得为零。记标的资产到期值为S_T,执行价格为X,则该期权多头方即持有人于期权到期时的所得可表示为(表3-11):

表3-11 多头资产或零卖权到时所得

$S_T \leq X$	$S_T > X$
S_T	0

该期权空头方即出让人的到期时的所得表示为(表3-12):

表3-12 空头资产或零卖权到时所得

$S_T \leqslant X$	$S_T > X$
$-S_T$	0

三、标准欧式买权-卖权平价关系

1. 标的资产不分红的情形

对于期权标的资产于期权期间不分红的情形,考虑如下两个投资组合:

组合一 持有某只股票1股,当前价值为 S_0,同时持有一份关于该股票的标准欧式卖权,该期权的执行价格为 X 元/股,到期期限为 T 年。

组合二 持有一份关于上述股票的标准欧式买权,执行价格为 X,到期期限为 T 年,同时持有无风险零息票债券,其面值为 X,到期期限为 T 年。

假定无风险利率为 r,连续复利。

先看组合一的头寸分解:记于期权到期时标的股票的价值为 S_T,卖权当前价值为 P_0,则有如表3-13所示的结果。

表3-13 多头股票和卖权的组合分析

现在		期权到期时	
		$S_T \leqslant X$	$S_T > X$
(1) 持有股票	S_0	S_T	S_T
(2) 多头卖权	P_0	$X - S_T$	0
总计	$S_0 + P_0$	X	S_T

再看组合二的头寸分解:记买权的当前价值为 C_0,标的股票到时价值为 S_T,则有如表3-14所示的结果。

表 3-14　多头零息债和多头买权的组合分析

现在		期权到期时	
		$S_T \leqslant X$	$S_T > X$
(1) 持有零息债券	Xe^{-rT}	X	X
(2) 多头买权	C_0	0	$S_T - X$
总计	$Xe^{-rT} + C_0$	X	S_T

由此可知,组合一和组合二于期权到期时的结果一致,根据无套利均衡准则,这两个组合的当前价值必然相等,从而得出不分红买权-卖权平价关系(Put-call Parity Relationship):

$$Xe^{-rT} + C_0 = S_0 + P_0 \tag{3.1}$$

2. 标的资产分红的情形

对于期权有效期间内标的资产分红这一情形,假设标的资产提供确定的连续红利收益率 q,考虑如下两个投资组合:

组合一　持有某只股票 e^{-qT} 股,当前价格为 S_0 元/股,同时持有一份关于该股票的标准欧式卖权,该期权的执行价格为 X 元/股,到期期限为 T 年。期间将所持股票的红利所得购买该股份,T 年后,所持该股正好 1 股股份。

组合二　持有一份关于上述股票的标准欧式买权,执行价格为 X 元/股,到期期限为 T,同时持有无风险零息票债券,其面值为 X 元,到期期限为 T 年。

由于这两个组合到期结果一致,均为 $\max(X, S_T)$,其中 S_T 为 T 年后标的资产的价值,因此这两个组合当前价值必然相等,从而可得出标的资产分红情形下的买权-卖权平价关系为:

$$Xe^{-rT} + C_0 = S_0 e^{-qT} + P_0 \tag{3.2}$$

四、典型期权定价公式

1. 标准欧式买权定价公式

(1) 不分红标的资产欧式买权定价公式。

$$C_0 = S_0 N(d_1) - Xe^{-rT} N(d_2) \tag{3.3}$$

其中 $N(d_i)$ 为标准正态分布随机变量不大于 d_i 的累计概率，$i=1,2$：

$$d_1 = \frac{\ln\frac{S_0}{X} + \left(r + \frac{\sigma^2}{2}\right)T}{\sigma\sqrt{T}}$$

$$d_2 = d_1 - \sigma\sqrt{T}$$

式中，S_0 为标的资产当前价格，X 为执行价格，r 为无风险利率（连续利率），T 为期权到期时间（年），σ 为标的资产对数收益的年标准差。

（2）分红标的资产欧式买权定价公式。记标的资产的连续红利收益率为 q，则分红的期权定价公式为：

$$C_0 = S_0 e^{-qT} N(d_1) - X e^{-rT} N(d_2) \tag{3.4}$$

其中

$$d_1 = \frac{\ln\frac{S_0}{X} + \left(r - q + \frac{\sigma^2}{2}\right)T}{\sigma\sqrt{T}}$$

$$d_2 = d_1 - \sigma\sqrt{T}$$

2. 标准欧式卖权定价公式

（1）不分红标的资产欧式卖权定价公式。根据上述不分红买权-卖权平价关系，可得不分红标的资产的欧式卖权定价公式为：

$$\begin{aligned}P_0 &= X e^{-rT}[1 - N(d_2)] - S_0[1 - N(d_1)] \\ &= X e^{-rT} N(-d_2) - S_0 N(-d_1)\end{aligned} \tag{3.5}$$

（2）分红标的资产欧式卖权定价公式。根据上述分红买权-卖权平价关系，可得分红标的资产的欧式卖权定价公式为：

$$P_0 = X e^{-rT} N(-d_2) - S_0 e^{-qT} N(-d_1) \tag{3.6}$$

3. 二项期权定价公式

二项期权定价基于如下结论：在风险中性环境下，期权到期时标的资产价值 S_T 不小于执行价格 X 的概率等于 $N(d_2)$（这一结论的证明见本章附录 3-1）。

（1）现金或零买权。该期权到期时，若标的资产价值 S_T 不小于执行价格 X，持有人所得为 Q 元；否则，所得为 0。因此，在风险中性环境下该期权到期

时价值的期望值是 $QN(d_2)$。从而该期权的当前价值为 $e^{-rT}QN(d_2)$。

(2) 现金或零卖权。该期权到期时,若标的资产价值 S_T 不大于执行价格 X,持有人所得为 Q 元;否则,所得为 0。因此,在风险中性环境下该期权到期时价值的期望值是 $Q[1-N(d_2)]$,即 $QN(-d_2)$。从而该期权的当前价值为 $e^{-rT}QN(-d_2)$。

(3) 资产或零买权。该期权到期时,若标的资产价值 S_T 不小于执行价格 X,持有人所得为 S_T 元;否则,所得为 0。由于持有一份不分红标的资产的标准欧式买权相当于多头一份该标的资产或零买权和空头一份现金或零买权(到时期权所得为 X 元或 0,即 $Q=X$)的组合,因此,不分红情形下的资产或零买权的价值为 $S_0N(d_1)$。

当标的资产提供连续红利收益率 q 时,由于持有一份标准欧式买权相当于多头一份该标的资产或零买权和空头一份现金或零买权(到时期权所得为 X 元或 0)的组合,因此,分红情形下的资产或零买权的价值为 $S_0e^{-qT}N(d_1)$。

(4) 资产或零卖权。该期权到期时,若标的资产价值 S_T 不大于执行价格 X,持有人所得为 S_T 元;否则,所得为 0。若标的资产提供连续红利收益率 q,由于持有一份标准欧式卖权相当于多头一份现金或零卖权(到时期权所得为 X 元或 0,即 $Q=X$)和空头一份该标的资产或零卖权的组合,根据分红时的欧式卖权定价公式和现金或零卖权定价公式,可得分红的资产或零卖权的价值为 $S_0e^{-qT}N(-d_1)$。

对期权有效期间标的资产不提供红利收益率的情形,即 $q=0$ 这一特殊情形,不分红时的资产或零卖权的价值为 $S_0N(-d_1)$。

4. 利率期权的定价公式

(1) 利率买权定价公式。考虑如下利率买权,期权到期时间为 T_1 年,标的变量为 T_1 年后、期限为 T_2-T_1 年的市场利率,记为 $R_{1,2}$,执行利率为 R_X,均为 (T_2-T_1) 年复利一次,本金为 L 元。假设 $R_{1,2}$ 的对数 $\ln R_{1,2}$ 服从正态分布,标准差为 $\sigma\sqrt{T_2-T_1}$,则该利率买权持有人于 T_2 年后的所得为 $\max[L(T_2-T_1)(R_{1,2}-R_X), 0]$。

选取 T_2 年到期的零息票国债 t 时刻价值 $p(t, T_2)$ 为计值标准(Numeraire),记 $E_2(\cdot)$ 为关于 $P(t, T_2)$ 的远期风险中性环境下的期望值,从而该期权的当前价值 C_0 为:

$$C_0 = P(0, T_2)E_2\{\max[L(T_2-T_1)(R_{1,2}-R_X), 0]\}$$

根据文献[5]第 268 页的结论(参考文献[5]第 268~269 页),有:

$$E_2\{\max[L(T_2-T_1)(R_{1,2}-R_X), 0]\}$$
$$= L(T_2-T_1)[E_2(R_{1,2})N(d_1) - R_X N(d_2)]$$

其中:

$$d_1 = \frac{\ln\frac{E_2(R_{1,2})}{R_X} + \frac{\sigma^2}{2}(T_2-T_1)}{\sigma\sqrt{T_2-T_1}}$$

$$d_2 = d_1 - \sigma\sqrt{T_2-T_1}$$

记 $f_{1,2}$ 为当前关于 T_1 年后、期限为 T_2-T_1 的远期利率,由等价鞅测度定理(Equivalent Martingale Measure Theorem)可知,$f_{1,2} = E_2(R_{1,2})$。

从而可得利率买权的定价公式为:

$$C_0 = P(0, T_2)L(T_2-T_1)[f_{1,2}N(d_1) - R_X N(d_2)] \quad (3.7)$$

其中:

$$d_1 = \frac{\ln\frac{f_{1,2}}{R_X} + \frac{\sigma^2}{2}(T_2-T_1)}{\sigma\sqrt{T_2-T_1}}$$

$$d_2 = d_1 - \sigma\sqrt{T_2-T_1}$$

(2) 利率买权-卖权平价公式。对于利率卖权,则利率卖权持有人于 T_2 年后的所得为 $\max[L(T_2-T_1)(R_X-R_{1,2}), 0]$,式中各符号含义同上。显然,多头一份利率买权相当于多头一份利率卖权和多头一份远期利率合约(FRA,合约利率为 R_X)的组合。记利率卖权的当前价值为 P_0,多头远期合约的价值为 V_{FRA},则有:

$$C_0 = P_0 + V_{FRA} \quad (3.8)$$

此即利率买权-卖权平价关系。

已知多头远期利率合约的当前价值为:

$$V_{FRA} = P(0, T_2)L(T_2-T_1)(f_{1,2}-R_X) \quad (3.9)$$

式中,$f_{1,2}$ 为当前关于 T_1 年后期限为 T_2-T_1 年的远期利率。

将式(3.7)、式(3.9)的定价公式代入式(3.8),即可得出利率卖权定价公式为:

$$P_0 = P(0, T_2) L(T_2 - T_1)[R_X N(-d_2) - f_{1,2} N(-d_1)] \quad (3.10)$$

式中,d_1、d_2 含义同式(3.7)。

五、典型案例分析

【案例 3-1】 一家投资银行为某石油公司设计如下一款债券:公司承诺到期时向投资人支付 1 000 美元,另附一项取决于到时油价表现的或有支付条款,即于债券到期时,债券持有人将额外得到此时每桶油价超出 75 美元部分的 120 倍,但这一附加金额最高不超过 2 400 美元。试对该债券进行定价,并分析发行此类债券对发行企业和债券持有人的好处。

解析:持有该款债券到期可以收到 1 000 美元,此相当于面值为 1 000 美元的零息票债券,记其当前价值为 B_0,则有 $B_0 = 1\,000 e^{-rT}$,其中 T 为债券到期时间(年数),r 为 T 期的即期利率(连续复利)。

该债券条款中或有支付部分取决于到时油价表现,持有人获得油价超过每桶 75 美元的 120 倍,相当于持有 120 份欧式买权(记每份买权当前价值为 C_1),标的变量为油价,执行价格为每桶 75 美元,记为 $X_1 = 75$ 美元/桶;同时该债券持有人到时这一额外所得限额为 2 400 美元,此相当于持有人空头 120 份以油价为标的变量的欧式买权(记每份该买权当前价值为 C_2),记空头买权的执行价格为 X_2,则有 $120(X_2 - X_1) = 2\,400$,可知空头买权的执行价格 $X_2 = 95$ 美元/桶。 记债券到期时每桶油价为 S_T,该债券持有人的头寸分解及到时所得如表 3-15 所示。

表 3-15 含或有支付条款债券的头寸分解

现在	债券到期时		
	$S_T \leqslant X_1$	$X_1 \leqslant S_T \leqslant X_2$	$S_T \geqslant X_2$
(1) 持有零息债 B_0	1 000	1 000	1 000
(2) 多头买权 $120C_1$ (执行价格 X_1,120 份)	0	$120(S_T - 75)$	$120(S_T - 75)$

续 表

现　　在	债　券　到　期　时		
	$S_T \leq X_1$	$X_1 \leq S_T \leq X_2$	$S_T \geq X_2$
（3）空头买权　　$-120C_2$ （执行价格 X_2，120 份）	0	0	$-120(S_T-95)$
总　　计　　B_0+120 　　　　　　　　(C_1-C_2)	1 000	$1\ 000+120$ (S_T-75)	$1\ 000+2\ 400$

由以上分析可知，该债券的当前价值为 $B_0+120(C_1-C_2)$。欧式买权的当前价值 C_1 和 C_2 由 B-S 模型确定，其中 S_0 为当前油价，σ 为油价的波动率，需要估计得出。关于该债券对发行企业和持有人的好处，读者自己考虑。

【案例 3-2】 某金融机构推出一款理财产品，该产品未来收益与一只大盘股的未来价格挂钩。该产品的期限为一年。协议约定：如果一年后指定股票的价格小于 60 元/股，投资者将得到 10 000×（60—到时股价）元，但最高为 10 万元；如果到时股价大于 60 元/股，投资者无任何收益。已知该股票当前价格为 50 元，假定股价波动率为 30%，其间股票不分红，无风险收益率为 5%（连续复利）。试写出该理财产品定价的具体思路。

解析：该理财产品与某一只大盘股挂钩，一方面，当该股价格小于 60 元时，股价越低，产品持有人到时收益越多，此表明相当于持有关于该大盘股的执行价格为 60 元/股的欧式卖权；另一方面，又有最高所得金额限制，此又相当于理财产品持有人出让了一份欧式卖权。由此可以得到与该理财产品未来结果完全一致的期权组合，该组合的当前价值即是这一理财产品的当前理论售价。

记出让的卖权其执行价格为 X，则有 $10\ 000(60-X)=100\ 000$，得 $X=50$。记执行价格为 60 元的卖权当前价值为 P_1，执行价格为 50 元的卖权当前价值为 P_2。该期权组合是：持有 10 000 份执行价格为 60 元的卖权，同时出让 10 000 份执行价格为 50 元的欧式卖权，到期期限均为 1 年，标的资产为挂钩的大盘股。记一年后该大盘股的价值为 S_T，该期权组合结果分析如表 3-16 所示。

表 3-16 挂钩大盘股理财产品的头寸分解

期权组合头寸	当前需要支出	期权到期时(1年后)		
		$S_T \leqslant 50$	$50 \leqslant S_T \leqslant 60$	$S_T \geqslant 60$
(1) 多头10 000份卖权(执行价格60元)	$10\,000 P_1$	$10\,000$ $(60-S_T)$	$10\,000$ $(60-S_T)$	0
(2) 空头10 000份卖权(执行价格50元)	$-10\,000 P_2$	$-10\,000$ $(50-S_T)$	0	0
总计	$10\,000$ (P_1-P_2)	$100\,000$	$10\,000$ $(60-S_T)$	0

该期权组合一年后的所得与理财产品完全一致,按照无套利均衡理论,这一理财产品的当前价值为 $10\,000(P_1-P_2)$,其中 P_1 和 P_2 可由前文的卖权公式分别得出。

【案例 3-3】 某商业银行正与一家企业商谈抵押贷款事宜。贷款期限为 T 年,到期企业需偿还的金额为 L 万元。已知该抵押物当前价值为 S_0 万元,无风险利率为 r(连续复利)。试分析该企业现在应拿到的贷款金额。

解析:记该抵押物于 T 年后的价值为 S_T,对该银行而言,此抵押贷款到期所得如表 3-17 所示。

表 3-17 抵押贷款的到期所得

$S_T \leqslant L$	$S_T \geqslant L$
S_T	L

考虑该商业银行持有如下资产组合:购入该抵押物品,同时出让以该抵押物为标的资产、执行价格为 L 万元、期限为 T 年的欧式买权。记欧式买权的当前价值为 C_0,该资产组合于 T 年后的价值分析如表 3-18 所示。

显然,这一资产组合与抵押贷款 T 年后的结果一致,即这一资产组合是对该抵押贷款的复制,从而该抵押贷款的当前价值,即商业银行的贷款额为 $S_0 - C_0$。C_0 由欧式买权公式得出,公式中的 S_0 为该抵押物的当前价值,X 为到时还款金额 L 万元,σ 为估计该抵押物于 T 年后的波动率。

表 3-18 抵押贷款的头寸分解

资产组合头寸	当前需要支出	期权到期时(T 年后) $S_T \leq L$	期权到期时(T 年后) $S_T \geq L$
(1) 持有该抵押物	S_0	S_T	S_T
(2) 空头买权 (执行价格 L 万元)	$-C_0$	0	$-(S_T - L)$
总计	$S_0 - C_0$	S_T	L

【案例 3-4】 一家金融机构准备推出一款与一年后黄金价格挂钩的理财产品,合约规定:若一年后金价超过每盎司 2 000 美元,理财产品持有人的所得是 10 万美元;若到时金价小于每盎司 2 000 美元,持有人的所得仅为 1 万美元。试问如何确定该理财产品的当前价值?

解析:该理财产品包含两个奇异期权头寸,一个是多头现金或零买权,该期权持有人的一年后所得 Q 为 10 万美元或 0,执行价格是 2 000 美元/盎司,记该期权当前价值为 C_0,有 $C_0 = e^{-r} 10 N(d_2)$ 万美元,其中 r 为一年期无风险利率(连续复利),d_2 的含义见 B-S 模型;另一个是多头现金或零卖权,该期权持有人的一年后所得 Q 为 1 万美元或 0,执行价格是 2 000 美元/盎司,记该期权当前价值为 P_0,有 $P_0 = e^{-r} N(-d_2)$ 万美元。因此,该理财产品的当前价值应为 $C_0 + P_0$。

【案例 3-5】 国内某电厂是 20 世纪 90 年代初期利用国外政府优惠贷款建设的。但是,国外政府的优惠贷款往往不是免费的,附加条件是必须采购该国生产的发电设备。结果是该国的发电设备价格远高于国际同行业水平,造成该电厂的投资规模过大,债务负担沉重。截至 2004 年年初,这笔贷款还有 4 年就可以全部还清,剩余本金为 1.6 亿美元,贷款利率为每年 6.55%,因此,该电厂每年除了支付 4 000 万美元本金之外,还需要支付相当大的一笔利息。此时,国外某著名投资银行的中国业务代理来找该电厂接洽,提出为该电厂提供利率互换协议。即利用现阶段国际货币市场上伦敦银行同业拆借利率(LIBOR)比较低的有利时机,将电厂本来持有的 6.55% 的固定利率贷款,互换为年利率 3.5% 的固定贷款利率,这样一来,电厂每年就可以节约不少的利息支出。电厂将其持有的年利率为6.55%的4年期固定利率贷款合同出售给海外某投资公司,并购买一项年利率为3.5%的4年期固定贷款利率合同,该海外投资公司承诺一次性将(6.55%－3.5%)的差额部分返还给电厂。以第一年本金1.6亿美元计算,电厂可以一次性获得480万美元的利差,在第二年以本金1.2亿美元计算,电厂可以一次性获得366万美元,以此类推,电厂将一次性获得返还利差为4亿×(6.55%－3.5%)＝1 220万美元,这将有效降低债务负担。为什么海外投资公司要以3.5%的年利率置换电厂手中的6.55%年利率贷款呢?为什么海外投资公司还要主动将4年的利差返还给电厂呢?难道这世界上真有无风险套利机会?何况这样的机会还是对方主动送上门来的。

国内各主要银行和投资机构均参与了该项目的咨询,结论比较一致:建议尽快实施该方案。在电厂董事会批准实施之前,这个方案的具体细节得以披露。原来,海外投资公司需要和电厂签署一项协议。该协议是这样规定的:双方约定2004年12月22日利息一次性结算,本金为4亿美元,以该日期一年期LIBOR水平为基础,按照以下条款决定利率水平:

(1) 如果于12月22日,LIBOR的水平在2.92%以下,则双方到时按照3.5%结算;对方将把(6.55%－3.5%)部分的利差一次性返还给电厂。

(2) 如果于12月22日,LIBOR的水平在2.92%以上,则双方到时候按照 $3.5\% + \left(\dfrac{\text{LIBOR}}{2.92\%} - 1\right) \times 100\%$ 结算,并由此锁定今后4年的利率水平。如果由该公式所计算出来的利率(记作X)低于6.55%,则由海外投资公司返还(6.55%－X)部分的利差;如果该利率高于6.55%,则由电厂返还今后4年的利差(X－6.55%)。

解析:首先,由

$$3.5\% + \left(\dfrac{\text{LIBOR}}{2.92\%} - 1\right) = 6.55\%,$$

得LIBOR＝3.009 06%,由条款(2)知,如果到时(2004年12月22日)的LIBOR大于3.009 06%,该电厂需要向海外投资公司支付的利差:

$$\left[3.5\% + \left(\dfrac{\text{LIBOR}}{2.92\%} - 1\right)\right] - 6.55\% \equiv \dfrac{\text{LIBOR} - 3.009\ 06\%}{2.92\%}$$

此表明该海外投资公司持有 $\frac{1}{2.92\%}$ 份、执行价格为 3.009 06%、规模为 4 亿美元的欧式利率买权,而该电厂为这一期权的出让人。记 $\frac{1}{2.92\%}$ 份该期权的当前价值为 C_0。

其次,由条款(2)可知,如果到时(2004 年 12 月 22 日)的 LIBOR 介于 2.92%~3.009 06% 时,该海外投资公司需向该电厂支付:

$$6.55\% - \left[3.5\% + \left(\frac{\text{LIBOR}}{2.92\%} - 1\right)\right] \equiv \frac{3.009\,06\% - \text{LIBOR}}{2.92\%}$$

由条款(1)可知,当到时 LIBOR<2.92% 时,该海外投资公司需向电厂支付利率:

$$6.55\% - 3.5\% \equiv \frac{3.009\,06\% - 2.92\%}{2.92\%}$$

由此表明,该电厂持有 $\frac{1}{2.92\%}$ 份、执行价格为 3.009 06%、规模为 4 亿美元的欧式利率卖权(记该期权当前价值为 P_1),同时出让 $\frac{1}{2.92\%}$ 份、执行价格为 2.92%、规模为 4 亿美元的欧式利率卖权(记该期权当前价值为 P_2),LIBOR 为到时伦敦同业银行拆放率,则从该电厂的角度分析结果,如表 3-19 所示。

表 3-19 嵌入期权的利率协议头寸分解

现　在	合约到期时该电厂收到的利率水平		
头寸分解	LIBOR≤2.92%	2.92%≤LIBOR≤3.009 06%	LIBOR>3.009 06%
1) 出让利率买权合约(执行价格3.009 06%) $-C_0$	0	0	$-\frac{\text{LIBOR} - 3.009\,06\%}{2.92\%}$

续表

现在	合约到期时该电厂收到的利率水平		
2) 多头利率卖权合约(执行价格 3.009 06%) P_1	$\dfrac{3.009\,06\% - \text{LIBOR}}{2.92\%}$	$\dfrac{3.009\,06\% - \text{LIBOR}}{2.92\%}$	0
3) 空头利率卖权合约(执行价格 2.92%) $-P_2$	$-\left(\dfrac{2.92\% - \text{LIBOR}}{2.92\%}\right)$	0	0
总计 $P_1 - P_2 - C_0$	$\dfrac{3.009\,06\% - 2.92\%}{2.92\%} \equiv$ $6.55\% - 3.5\%$	$\dfrac{3.009\,06\% - \text{LIBOR}}{2.92\%}$	$\dfrac{\text{LIBOR} - 3.009\,06\%}{2.92\%}$

注：上述三个期权合约包含的期权份数均为 $\dfrac{1}{2.92\%}$ 份，每份合约规模为本金 4 亿美元。

上述表 3-19 中的到时总计利率正是该电厂到时收到海外投资公司支付的利率水平，其中最后一个 $-\dfrac{\text{LIBOR} - 3.009\,06\%}{2.92\%}$ 表示该电厂需要向海外公司支付的利率为：

$$\dfrac{\text{LIBOR} - 3.009\,06\%}{2.92\%}。$$

可见，表 3-19 的头寸分解结果与双方签署的利率协议一致。

利用式(3.7)得出每一份上述利率买权的价值，再乘以 $\dfrac{1}{2.92\%}$ 份即得 C_0；利用式(3.10)可分别对上述两个利率卖权求出每一份的价值，再乘以 $\dfrac{1}{2.92\%}$ 份，即得 P_1 和 P_2 的值，其中 $T_2 - T_1 = 1$ 年，$L = 4$ 亿美元，$f_{1,2}$ 为签约时适用于 2004 年 12 月 22 日至 2005 年 12 月 22 日的远期利率，$P(0, T_2)$ 为至 2005 年 12 月 22 日到期的零息票债券于签约时的价值，需要估计期权到期时即 2004 年 12 月 22 日的一年期 LIBOR 的波动率。

从而得出结论：此利率协议条款对该电厂来说，意味着三个期权头寸，即一个空头买权，一个多头卖权和一个空头卖权。因此，该条款对该电厂的当前

价值为 $P_1 - P_2 - C_0$，只有这一结果为零，说明条款是公允的；否则，如果这一结果为负，表明该电厂现在应得到相应金额，然而现在双方并没有任何支付，说明合约存在欺诈。精明的海外投资公司自然是不会白白送给该电厂一份有价值的合约的。

第三节 互换合约的类型

互换合约为交易双方就未来一系列现金流交换达成的协议。互换种类繁多，常见的有利率互换、货币互换、商品价格互换、股权互换和房地产互换等。

一、利率互换

1. 利率互换合约概述

有统计表明，利率互换交易规模是金融衍生品交易中最大的。企业日常经营中常常要筹措资金，发行债券和向银行贷款是常见的方式。因此企业有利用利率互换防范利率风险的需求。利率互换常见的是交易双方就浮动利率和固定利率的交换，其中的固定利率被称作互换率(Swap Rate)。在利率互换合约中，支付互换率的一方为多头，另一方为空头。

利率互换合约可视为一系列远期利率合约的组合，以期限为 4 年、每年基于互换率和 LIBOR 的利息现金流互换一次的多头互换合约为例，此相当于多头四份分别为刚到期、1 年后到期、2 年后到期和 3 年后到期的一年期远期利率合约(FRAs)，远期利率均为该互换率。利率互换协议刚签约时价值为零，根据无套利均衡理论，这一组远期合约的价值之和为零，由此可以确定此时的互换率。对于已生效的互换合约，在有效期内的任一时点，通过计算相应远期合约组合的价值，即可确定该互换合约的价值。

利率互换合约也可视为固定利率债券和浮动利率债券的组合。仍以上述互换合约为例，多头该互换合约相当于发行一款固定票面利率债券，同时持有一款票面利率为 LIBOR 的浮动利率债券，两债券均为每年付息一次，面值等于互换合约的名义本金，到期期限与互换合约的到期期限一致。固定票面利率债券的价值通过对未来各期利息和到期本金折现求和得到,折现率为对应各期现金流的即期利率。浮动票面利率债券刚发行时和票面利息支付日的价值均为面值,在期间其他时点要考虑该期末到期的现金流的现值。通过确定这一债券组合的价值,即可得出互换合约的价值。

下面通过一个简单的例子,来说明利率互换合约的应用。如:A公司两年前发行一笔5年期债券,面值总计为200万元,每年付息一次,票面利率为8%。该公司预测接下来市场利率趋于下降,希望将未来3年支付的固定利息变为浮动利息。那么公司现在可以与某互换交易机构(Swap Dealer)签订一份名义本金为200万元、支付浮动利息(假定浮动利率为LIBOR)并收取固定利息(假定互换率为年利率7.5%)、每年交换一次现金流、期限为3年的互换合约(如图3-1所示)。

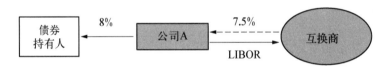

图3-1 利率互换结构图

由此该公司接下来承担的年利率水平为8%+LIBOR-7.5%=LIBOR+0.5%,由固定利率变为浮动利率。

2. 利率互换合约案例

接下来通过一个典型的案例(案例3-6)来说明利率互换合约的估值问题。

【案例3-6】 有一份利率互换协议,规定每半年互换一次利息,其中一家金融机构为合约的空头,以LIBOR支付利息、以年利率8%收取利息,合约的名义本金为1亿元。这份互换协议距到期还有1.25年。当前3个月、9个月和15个月期的LIBOR利率分别为10%,10.5%和11%(连续复利)。前一次利息互换日的6个月LIBOR利率是10.2%(半年复利一次)。试确定该互换合约的当前价值。

解析:该金融机构空头此互换合约,相当于空头三份远期利率合约,远期利率均为年利率8%,名义本金均为1亿元,其中一份远期合约已于3个月前到期,3个月后结算,到时需向合约的另一方支付利息100 000 000(10.2%-

8%)×0.5＝1 100 000 元，另外两个远期合约分别是 3 个月后到期的 6 个月期和 9 个月后到期的 6 个月期合约。

由当前 3 个月的 LIBOR 利率为 10%（连续复利）知，已到期远期利率合约 3 个月后需支付 1 100 000 元的当前价值为 $-1\,100\,000 e^{-0.25\times 0.1} = -1\,070\,000$。

由当前 3 个月和 9 个月的 LIBOR 利率可得 3 个月后半年期远期利率，记为 $f(3,9)$，则 $e^{0.75\times 0.105} = e^{0.25\times 0.1} \times e^{0.5 f(3,9)}$，从而 $f(3,9) = \dfrac{0.75\times 0.105 - 0.25\times 0.1}{0.5} = 0.107\,5$。

其中 $f(3,9)$ 为连续复利率，记对应的半年复利一次的年利率为 $F(3,9)$，则有 $1 + 0.5 F(3,9) = e^{0.5 f(3,9)}$，得 $F(3,9) = 11.044\%$。

从而空头 3 个月后 6 个月期的远期利率合约，9 个月后的所得为：100 000 000×(8%－11.044%)×0.5，用当前 9 个月的 LIBOR 利率折现，得到空头该远期利率合约的当前价值为：100 000 000 × (8% － 11.044%) × $0.5 e^{-0.75\times 0.105} = -1\,410\,000$。

同理，由当前 9 个月和 15 个月的 LIBOR 利率可得 9 个月后半年期远期利率，记为 $f(9,15)$，则 $e^{1.25\times 0.11} = e^{0.75\times 0.105} \times e^{0.5 f(9,15)}$，从而 $f(9,15) = \dfrac{1.25\times 0.11 - 0.75\times 0.105}{0.5} = 0.117\,5$。

其中 $f(9,15)$ 为连续复利率，记对应的半年复利一次的年利率为 $F(9,15)$，则有 $1 + 0.5 F(9,15) = e^{0.5 f(9,15)}$，可得 $F(9,15) = 12.102\%$。

从而空头 9 个月后 6 个月期的远期利率合约，15 个月后的所得为：100 000 000×(8%－12.102%)×0.5，用当前 15 个月的 LIBOR 利率折现，得到空头该远期利率合约的当前价值为：100 000 000 × (8% － 12.102%) × $0.5 e^{-1.25\times 0.11} = -1\,790\,000$。

最终可得空头该利率互换合约的当前价值为：－1 070 000 － 1 410 000 － 1 790 000 ＝ －4 270 000（元）。

二、货币互换

1. 货币互换合约的含义

货币互换合约是指根据互换协议，交易双方就金额相当的两种不同货币进行交换。

2. 货币互换合约案例

【案例 3-7】 我国一家企业刚筹借到一笔人民币,金额为 6 700 万元,年利率为 2.7%,每年付息一次,3 年到期。根据业务情况,该企业希望把这笔债务调换成美元债务。假设此时人民币兑美元汇率为 1 美元兑换 6.7 元人民币,相应美元利率为 4.5%。此时该企业可找到一家互换交易商,签订互换协议,协议期限为 3 年。现在该企业向互换交易商支付 6 700 万元人民币,互换商按照当前即期汇率向该企业支付 1 000 万美元,在接下来的每年末,互换利息现金流,即该企业向互换商支付 45 万美元,同时收到互换商支付的人民币利息 180.9 万元。互换合约到期时,该企业向互换商支付美元本金 1 000 万美元,收到来自互换商支付的 6 700 万元人民币(如图 3-2 至图 3-4 所示)。

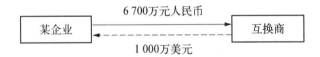

图 3-2 互换合约生效时的本金互换

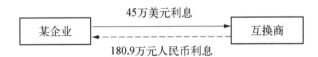

图 3-3 互换合约期间的年利息互换

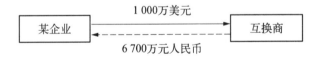

图 3-4 互换合约到期时的本金互换

三、商品价格互换

由于商品价格的波动性,使得相关企业的经营成本或销售收益面临不确定性。商品价格互换合约可以用来化解这一类风险。商品价格互换日益广泛应用于能源和农产品方面。对某一具体商品的使用者来说,若不愿承受该商品长期支付价格的不确定性,该用户可以与某金融机构签订互换协议,同意未来定期向该金融机构支付某一固定价格,作为交换,定期收到该金融机构支付的这一商品的市场价格。对某一商品的生产厂家来说,若希望在长期内将这一商品的价格锁定,就可以与金融机构签订互换协议,该厂商同意向金融机构定期支付这一商品的市场价格,作为交换,定期收到固定的金额。大多数商品互换涉及石油。譬如,航空公司与某互换交易商签订石油互换合约,同意在未来几年内定期向互换商支付固定金额,在相同的日期收到互换商支付的由石油价格指数确定的金额。

四、股权互换

由于不同股票市场的波动率不同,从而可以创造交易机会来规避风险或重新配置投资。在股权互换协议中,一位投资者收到某类市场指数收益,作为交换,支付互换商 LIBOR 收益(或固定利率或另一市场指数的收益)。该产品的推出主要是用来处理跨国证券投资问题。例如,美国的一位投资组合管理人希望将其投资组合的 30% 分散到日本股市,于是可以与互换商签订股权互换协议,向其支付标普 500 收益,名义本金为其投资组合价值的 30%;作为交换,该互换商向该投资组合管理人支付日经指数收益。

股权互换协议也是分享新兴市场收益的最有效方式之一。此种交易为投资人节省了交易佣金、印花税、清关费以及买卖价差。对于因为法规等原因不能直接投资而期望涉足某特定市场的投资者而言,股权互换合约交易尤为适合。

五、房地产互换

房地产市场为互换交易提供了又一机会。1993 年,摩根士丹利和美国信孚银行率先进入房地产互换交易市场。在房地产互换协议中,业主同意支付另一方房价指数收益,作为交换,另一方同意支付其他类型的收益,譬如浮动利率。大量涉足房地产的商业银行、养老基金和保险公司等机构,有进行房地产互换交易的需求,因为此类交易不仅可以避免因为出售房产造成的交易费用、时间占用,还可以避免之后房地产"起飞"而错失机会。另外,此类互换受到既看好未来一段时间房价走势又不想作房东的投资者的青睐。

第四节 固定票面利率债券的分拆

一、固定票面利率债券的分拆概述

普通债券是不含期权条款的债券。普通债券按票面利率是否变动大致可分为固定利率债券和浮动利率债券。浮动利率债券又有正向浮动和反向浮动之分。正向浮动利率债券是指债券的票面利率指定为某一参照利率(如当期国债利率、LIBOR 等)加上某一利差(Spread)。反向浮动利率债券(Inverse Floater)的票面利率规定为某一确定百分比减去某一参照利率的一定倍数。

例如某款反向浮动债券,每年付息一次,息票利率为 15% 减去当年初的一年期国债利率的 1.3 倍。在债券到期之前,当市场利率下降时,一方面折现率变小,另一方面票面利息增多,从而债券价格升值较普通固定利率债券更多。相反,当市场利率上升时,其价值下降较大。由于该债券的价格对市场利率更为敏感,更具投机性,因此受到机构投资者尤其是对冲基金的青睐。

在实务中,大的投资银行如高盛公司,常将美国财政部发行的长期国债这一固定利率债券买下,然后拆分成正向浮动和反向浮动债券向投资者销售。这正应了华尔街的一个笑话,问销售一只灯泡需要多少投资银行人员,答案是 100——一人把灯泡打碎,其余 99 人出售单个碎片。

二、固定票面利率债券的分拆案例

下面通过一个案例(案例 3-8)来说明普通固定利率债券的具体拆分和定价方法。

【案例 3-8】 有如下一款债券:面值为 100 万美元,20 年到期,息票利率为 8%,每年付息一次。一家投资银行将该债券购下,并发行两款 20 年期的浮动债券:一款为面值 60 万美元,票面利率为当年一年期国债利率加 1%;另一款为反向浮动债券,面值为 40 万美元,每年票面利率为 18.5%-1.5× 当年初的一年期国债利率。试想一下,反向浮动利率债券的票面利率中的确定百分比 18.5% 和倍数 1.5 是如何确定的?

解析:假设反向浮动利率债券的票面利率为 $a - b \times r_t$,其中 r_t 为第 t 年初的一年期国债利率。将普通固定利率债券拆分为正向浮动和反向浮动两款债券要满足每期期末的现金流一致。已知本金相等,还要满足:

$$100 \times 8\% = 60(r_t + 1\%) + 40(a - b \times r_t)$$

由于 r_t 为随机变量,上式左边是常数,因此 r_t 的系数必然为 0,即 $60 - 40b = 0$,可得 $b = 1.5$。又由 $8 = 60 \times 1\% + 40a$,知 $a = 0.185$。

关于拆分的两款浮动利率债券的定价问题,可按如下方法解决。关于正向浮动利率债券,通常票面利率为参照利率(国债利率或 LIBOR)加上一定的利差,该利差体现了发行机构的资信状况,因此发行时的价值应为面值。反向浮动利率债券的价值等于普通固定利率债券的价值减去正向浮动利率债券的面值。至于普通固定利率债券的价值,则由不同期限的即期利率对相应期限的利息和本金现金流折现加总得到。

第五节 回购协议

一、回购协议概述

回购协议(Repurchase Agreement,Repo)是指证券资产的所有者现在将证券资产卖给合约的另一方,同时承诺以后以略高的价格将其购回。就金融工程的实际应用而言,回购协议与互换合约的应用同样普遍。投资机构有时会利用回购协议为其交易行为融资。回购协议利率仅略微高于相应的国债利率。在美国,隔夜回购协议利率通常等于或低于联邦基金利率。

二、回购协议案例

下面通过一个案例(案例 3-9)来说明回购协议的实际应用。

【案例 3-9】 假定一位投资者从甲交易商手中以报价 99 4/32 购买面值 1 亿美元、票面利率 4%、2020 年 3 月到期的政府债券。假定上次息票支付是 60 天之前,距下次息票支付日期还有 123 天。该投资者第二天向甲交易商支付净价加上应计利息,并收到债券。第二天该投资者总支付金额为:

$$100\,000\,000 \times (99\,4/32\% + 2\% \times 61/183) = 98\,791\,666.70(美元)$$

假定该投资者选择与乙交易商签订隔夜回购协议为第二天的支付进行融资。假设第二天早上,乙交易商向该投资者报出的回购利率为2.7%,此债券的买入价为98 6/32。乙交易商要求1%的质押折扣率。该投资者第二天得到的融资额为:

$$100\ 000\ 000 \times (98\ 6/32\% + 2\% \times 61/183) \times 1/1.01$$
$$= 97\ 875\ 412.54(美元)$$

隔夜回购协议可以由任一方提出展期或终止。假设回购协议第二天终止,该投资者需要向乙交易商支付如下金额以购回债券:

$$97\ 875\ 412.54 \times (1 + 0.027/360) = 97\ 882\ 753.20(美元)$$

【附录3-1】 关于风险中性环境下欧式买权执行概率为 $N(d_2)$,即 $P\{S_T \geqslant X\} = N(d_2)$ 的证明。

记期权的标的变量为 S_t,期权的到期期限为 T 年,执行价格为 X。假设期权到期时标的变量的对数 $\ln S_T$ 为正态分布,且有 $\ln S_T \sim N(mT, \sigma^2 T)$,其中 m、σ 均为常数,分别为标的资产对数收益的年均值和年标准差。证明 $P\{S_T \geqslant X\} = N(d_2)$。

证明:由 $\ln S_T \sim N(mT, \sigma^2 T)$ 可知,$E(S_T) = Ee^{\ln S_T} = e^{mT + \frac{\sigma^2 T}{2}}$

从而:

$$mT = \ln E(S_T) - \frac{\sigma^2 T}{2}$$

记 $Y = \dfrac{\ln S_T - mT}{\sigma \sqrt{T}}$,显然 Y 服从标准正态分布,即 $Y \sim N(0, 1)$,则有:

$$S_T = e^{Y\sigma\sqrt{T} + mT}$$

那么

$$P\{S_T \geqslant X\} = P\{e^{Y\sigma\sqrt{T} + mT} \geqslant X\}$$
$$= P\{Y \geqslant (\ln X - mT)/\sigma\sqrt{T}\}$$
$$= 1 - P\{Y \leqslant (\ln X - mT)/\sigma\sqrt{T}\}$$
$$= 1 - N\left(\frac{\ln X - \ln E(S_T) + \sigma^2 T/2}{\sigma\sqrt{T}}\right)$$

$$= N\left(\frac{-\ln X + \ln E(S_T) - \sigma^2 T/2}{\sigma\sqrt{T}}\right)$$

$$= N\left(\frac{\ln \frac{E(S_T)}{X} - \sigma^2 T/2}{\sigma\sqrt{T}}\right)$$

又由于在风险中性环境下，$E(S_T)=S_0 e^{rT}$，其中 r 为无风险利率（连续复利），将此代入上式，有：

$$P\{S_T \geqslant X\} = N\left(\frac{\ln \frac{S_0}{X} + (r-\sigma^2/2)T}{\sigma\sqrt{T}}\right) = N(d_2)$$

其中的 d_2 即 B-S 期权定价公式中的 d_2。

本章思考题

1. 某投资者现持有一只股票 10 000 股，计划持有一年，但担心到时价格会大幅下降，便来到一家投资银行就未来售出该股票 10 000 股的标准欧式卖权进行洽谈。已知该股票的当前价格为每股 100 美元，到时年波动率为 20%，期权执行价格为 100 美元，到期时间为 1 年，无风险年利率为 5%（连续复利）。与通常购买期权时就要支付期权价格不同，这家投资银行不要求该投资者现在作任何支付，而是于期权到期时，若该股票价格小于执行价格，该投资者向投资银行支付 25 万美元的期权费。若到时基础资产价格不小于执行价格，则无须支付。假定该投资者持有该只股票期间不分红。问该投资者是否应该接受这一期权报价？为什么？

［提示：此未来或有支付期权费条款可以视为该投资者向投资银行出让了一份现金或零卖权(Cash-or-Nothing Put)，现金 Q 为 25 万美元。据 $e^{-rT}QN(-d_2)$ 计算此二项期权的当前价值，若此价值等于上述标准欧式股票卖权的当前价值，表明该条款是公允的，可以接受；如果此二项期权的价值大于上述标准欧式股票卖权价值，则不应接受这一报价，因为投资者出让的期权价值大于购买的期权价值，此时这家投资银行应该把这两份期权的价值差额支付给该投资人。当然，投资银行是不会让这一奇异期权的价值小于标准欧式卖权的。］

2. 案例：深圳南山热电股份有限公司(深南电)2008 年"套保"案

2008 年初，深南电与高盛杰润签署如下两份合约(国内称"对赌协议")：

第一份合约约定,生效期为 2008 年 3 月 3 日,终止期为 2008 年 12 月 31 日,由三个期权合约构成:

(1) 当浮动价(每个决定期内纽约商品交易所当月轻质原油期货合约的收市结算价的算术平均数)高于 63.5 美元/桶时,深南电每月可获 30 万美元的收益(20 万桶×1.5 美元/桶);

(2) 当浮动价低于等于 63.5 美元/桶、高于等于 62 美元/桶时,深南电每月可得(浮动价－62 美元/桶)×20 万桶的收益;

(3) 当浮动价低于 62 美元/桶时,深南电每月需向高盛杰润支付与(62 美元/桶－浮动价)×40 万桶等额的美元。

第二份合约约定,有效期为 2009 年 1 月 1 日至 2010 年 10 月 31 日,也由三个期权合约组成,高盛杰润在 2008 年 12 月 31 日 18 时前,有是否执行该合约的选择权:

(1) 当浮动价高于 66.5 美元/桶时,深南电每月可获 34 万美元的收益(20 万桶×1.7 美元/桶);

(2) 当浮动价高于等于 64.8 美元/桶、低于等于 66.5 美元/桶时,深南电每月可获(浮动价－64.8 美元/桶)×20 万桶的收益;

(3) 当浮动价低于 64.8 美元/桶时,深南电每月需向高盛杰润支付与(64.8 美元/桶－浮动价)×40 万桶等额的美元。

问:如何分解上述两个合约中的期权头寸?此类期权合约如何定价?

(补记:2008 年美国原油价格暴跌,深南电在此次交易中巨亏,拒绝向高盛杰润支付并起诉其该合约存在欺诈行为)

3. 如何理解"投资银行素有金融工程师之称"这句话?

4. 在定制化金融衍生品定价中,头寸分解的精髓是什么?

5. 一家投资银行为某电力公司设计如下一款债券:规定一年到期,于债券到期时,该电力公司承诺向债券持有人支付 1 000 美元,另附一项取决于到时电价情况的或有支付条款,即于债券到期时,债券持有人将额外取得到时每度电价超出 0.18 美元部分的 3 000 倍,但这一附加金额最高不超过 360 美元。试写出该债券的具体定价思路(不要求计算出该债券的价格)。

6. 举例说明本章中提到的各互换合约的应用。

第四章

投资银行的并购咨询业务

并购是企业取得超常规发展的不二法门。由于并购的复杂性且关乎企业自身的成败,发达经济体的企业并购双方大多会聘请投资银行担任自己的财务顾问。并购咨询业务是投资银行的核心业务,涉及目标筛选、并购估值、支付方案设计、并购融资安排以及并购后的资源整合。本章将讲述这些环节,其中换股比率、期权在支付对价中的应用以及并购行为对并购双方的净现值(Net Present Value,NPV)和每股盈余的影响是重点内容。此外,本章还将对杠杆收购、股票分设和并购套利等内容进行阐释。

第一节 企业发展方式与企业并购类型

一、企业发展方式

兼并与收购可使企业获得超常规发展,是企业实现外部扩张的主要手段。关于企业的发展方式,可由图4-1表示。

二、企业并购的类型

从不同的角度可对并购的基本形式进行划分。

1. 按照并购双方涉及行业划分

按照并购双方涉及行业划分,可分为横向并购、纵向并购与混合并购三类。横向并购和纵向并购一直是并购的主要类型,由于并购双方业务联系较为密切,资源整合优势明显,因此大多成功的并购案例属于这两类。

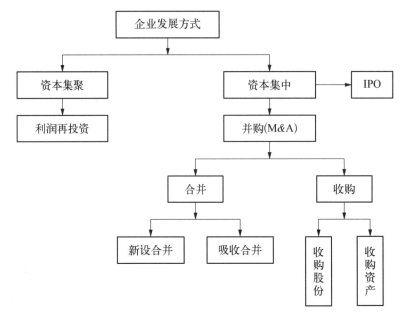

图 4-1　企业发展方式划分

(1) 横向并购(Horizontal Merger),即生产同类产品的企业之间的并购。

(2) 纵向并购(Vertical Merger),包括前向购并(Forward Merger)和后向购并(Backward Merger),前者是生产企业对原材料等上游企业的并购,后者是生产企业对下游企业的并购。

(3) 混合并购(Conglomerate Merger),指不同行业、不同产品生产企业之间的并购。混合并购兴起于美国的 20 世纪五六十年代。随着二战的结束,日本和联邦德国的经济很快重新崛起,美国的大企业、跨国公司的市场竞争地位受到挑战。这些大企业纷纷发起了跨行业的混合收购,他们相信"东方不亮西方亮",总有行业会出现转机的。当时兴起的混合收购除了上述客观原因外,还有主观上的原因。以哈利·马科维茨(Harry Markowitz)和他的学生威廉·夏普(William F. Sharpe)为代表的美国金融学教授于 20 世纪五六十年代创立了现代投资组合理论,使得"分散投资可以在确保预期收益率的情况下大幅降低总风险"这一观点深入人心。但实体投资终究不是证券组合投资。证券投资本质上属于被动投资,决定所选证券资产收益和风险状况的不是证券资产的投资者们,而是为筹措资金发行证券资产的实体企业。由于不同的行业都需要做实做细,需要精益管理,一家公司同时管理分属不同行业的企业,势必顾此失彼。事实证明,当时兴起的混合收购后来大多归于失败,纷纷剥离,又重新回归到自己的主业上。

2. 按照并购动机划分

按照并购动机划分,可分为善意并购与敌意并购两种。

(1) 善意并购(Friendly Acquisition),指目标公司的经营管理层同意收购方提出的收购条件,接受并购。

(2) 敌意并购(Hostile Takeover),又称"黑衣骑士",指收购方不顾目标公司意愿而采取非协商购买的手段强制购买目标公司。在此情况下,收购价一般会比股票市场价格高出20%~40%,以此吸引目标公司的股东出售股票。

3. 按照融资渠道划分

按照融资渠道划分,可分为杠杆收购与管理层收购两种。

(1) 杠杆收购(Leveraged Buyout,LBO),是指收购方只用少量的自有资金,而大部分利用举债方式筹集资金以进行收购的行为。它出现于20世纪七八十年代的美国。由于美国在20世纪五六十年代兴起的混合收购大多归于失败,纷纷出售已购企业,这为小企业"廉价"接手这些被剥离的企业从而迅速壮大自己提供了机会。但这些小企业普遍面临收购资金短缺问题。此时,被称为"垃圾债券大王"的迈克尔·米尔肯功不可没。迈克尔·米尔肯是自J.P.摩根以来美国金融界最有影响力的风云人物。他通过其管理的德崇证券为大量新兴公司包销高收益债券,使它们顺利筹措到资金用于日常经营和收购。这些新兴公司的崛起助推了美国经济的快速发展。

杠杆收购最大的特点就是它的杠杆性,一个小规模的公司通过资本借贷,从而收购数倍于自身规模的大公司,实现"小鱼吞大鱼"。它是一种高收益高风险的收购方式。LBO融资工具包括高级债务、高收益债券、夹层债务和股权资本。

(2) 管理层收购(Management Buyout,MBO),于20世纪70年代在美国出现。管理层收购常常采取杠杆收购的方式,管理层收购甚至被称为一种特殊的杠杆收购。

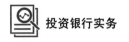

4. 按照并购支付对价划分

按照并购支付对价（Purchase Consideration）划分，可分为现金支付、非现金支付与混合支付三种。

(1) 现金支付，指收购方用现金购买目标公司的资产或股票的方式。

(2) 非现金支付，指收购方通过发行新股、债券以及额外支付协议（Earnout Agreement）等附带期权来购买目标公司的资产或股票的方式（关于支付对价中期权的应用在本章第二节中专门讲述）。

(3) 混合支付，是指以现金、股票、债券等方式作为购并支付工具的方式。

三、并购定价的特殊性

估值是并购行为的核心环节，是并购双方谈判的焦点。与企业 IPO 定价不同，并购估值既要考虑目标企业的单独价值（Individual Value），还要考虑其投资价值，又叫战略价值（Strategic Value）。目标企业的投资价值等于其单独价值加上并购协同效应（Synergy Effect）。协同效应是指并购后的价值大于并购前双方单独经营的价值之和。并购的意义即在于能带来协同效应。协同效应的产生源于并购后资源整合经营效率的提升。斯蒂芬·罗斯（Stephen Ross）在其《公司金融》一书中提到了评定并购协同效应要基于四个方面的现金流：收益的增加、成本的节省、资本支出的变化和税收的变化。

第二节　并购支付对价中期权的应用

一、期权在并购支付对价中的应用形式

（一）额外支付协议（Earnout Agreement）

协议规定并购金额的一小部分留待并购完成后的一定时期（通常一年后），基于到时的经营业绩或股价表现情况决定是否支付此款项。采用该期权，主要是弥补并购双方在信息上的不对称。目标企业管理层自然更清楚自己企业的财务状况，收购方对目标企业掌握的信息有限，如果双方在收购价格上有一定的分歧，那么就可以把差额部分体现在期权条款上，作为或有支付，视未来情况而定。若接手后目标企业果真如其管理层说得那么好，收购方自

然是愿意支付这笔款项的。

（二）价值或有权利(Value Contingent Rights)

在换股支付情况下，收购方同意于并购后的一定时期内，目标企业股东有权将所持股票按一定价格卖给收购方。因此这种情况下，目标企业股东收到的对价是收购方的股份和收购方签发的卖出期权。这样一来，在换股支付时，就解决了目标企业股东的顾虑。

（三）双限期权(Collar)条款

即规定在实施并购换股时，收购方的股价在一定范围内按确定的换股比率，超出该股价范围，目标企业每股将分别得到相应确定金额的收购方的股票。

由于自签订并购协议并发布之日起，要经过双方股东大会的表决、有关政府部门的批准等环节，然后再实施并购，通常要长达半年之久。其间难免会出现一些预想不到的情况，使得双方的股价和当初商定换股比率的股价发生很大变化，从而会使一方反悔并影响到并购的顺利进行。Collars条款可以很好地解决这一问题。Collars条款是对固定换股比率的补充，协议规定，于实施并购时，当收购企业的股价高于或低于某一水平时，调整支付的股数，使目标企业的每股所得的价值固定在该水平上。Collars条款的本质相当于使目标企业股东持有执行价格低的卖权，同时出让执行价格高的买权，两个期权的标的资产为收购方的股票。

二、期权在并购支付对价中的应用案例

【案例4-1】 1994年1月17日，第一联盟公司(收购方)与BancFlorida金融公司（被收购方)发布了合并信息，其中涉及的换股条款为：

在实际交付执行时，(1) 如果第一联盟公司的股价(为实际实施收购日之前10个交易日收盘价的平均值，下同)介于41.875美元和44.875美元之间，BancFlorida金融公司的股东每一股普通股股份将收到0.669股第一联盟公司的股份；(2) 如果第一联盟公司的股价低于41.875美元，BancFlorida金融公司的股东每一股普通股股份将收到金额为28美元的第一联盟公司股份；(3) 如果第一联盟公司的股价高于44.875美元，BancFlorida公司的股东每一股普通股股份将收到金额为30美元的第一联盟公司股份。

分析:在本例中,被收购方 BancFlorida 金融公司的每一股收到的对价是:0.669 股收购方第一联盟公司的股份,同时(1)持有 0.669 份、执行价格为每股 41.875 美元的卖权和(2)出让 0.669 份、执行价格为每股 44.875 美元的买权,两个期权的标的均为第一联盟公司的股份。

下面再看一个美国两大食品公司的收购案例(案例 4-2),在该案例中,正是期权条款在对价中的合理应用,化解了双方在收购价格上存在的分歧。同时,该案例还详细叙述了并购动机、期间敌意收购的化解等,给人以启发。

【案例 4-2】 美国通用磨坊公司收购英国帝亚吉欧公司旗下的品食乐公司

一、公司背景

1. 美国通用磨坊公司

美国通用磨坊公司(General Mills, Inc.)是一家从事食品制作和营销的企业,为全球最大的食品公司之一,总部位于美国明尼苏达州的明尼阿波利斯。通用磨坊公司 2000 财年收入约 75 亿美元,市值约为 110 亿美元,是美国最大的酸奶生产商和第二大即食早餐麦片生产商。该公司的品种包括:Big G 品牌谷物、贝蒂妙厨(Betty Crocker)甜点、烘焙和晚餐的组合产品、快餐产品、优诺(Yoplait)和科伦坡(Colombo)品牌酸奶。这些行业在美国已很成熟,内生性增长(Organic Growth)相对缓慢。

2. 英国帝亚吉欧公司

英国帝亚吉欧(Diageo plc),是世界上最具规模的高级酒品公司之一。从某种程度上说,并购全球洋酒行业的知名品牌史就是帝亚吉欧集团的企业发展史,也是其能在短短 10 年的时间内成长为世界洋酒行业老大的关键所在。从帝亚吉欧的发展史来看,它最初只是苏格兰 Walker 家族于 1749 年开办的作坊,1920 年,其主打产品尊尼获加(Johnnie Walker)就已向全球 120 个国家出口。1925 年,世界三大威士忌品牌 Walkers、Dewar、Buchanans 组成 Distillers 有限公司。1986 年,美国酿酒业巨头健力士(Guinness)收购 Distillers 公司,将其更名为 United Distillers。1997 年,健力士与英国饮料巨头格瑞曼德(GrandMet)合并,组成帝亚吉欧集团,总部位于英国。

帝亚吉欧公司的产品组合包括著名的酒精饮料品牌,如皇冠(Smirnoff)、尊尼获加(Johnnie Walker)、健力士、J&B、哥顿(Gordon's)和添加利(Tanqueray)以及汉堡王快餐连锁店和品食乐公司(Pillsbury)。

3. 品食乐公司

品食乐总部位于美国明尼苏达州的明尼阿波利斯。品食乐公司生产并销售知名的面团宝宝(Dough Boy)品牌的冷冻面团和烘烤食品、绿巨人品牌的灌装和冷冻蔬菜、Old El Paso品牌的墨西哥食品、浦氏(Progresso)汤、Totino品牌冷冻比萨以及其他食品。1983年，品食乐公司买下了哈根达斯(Häagen·Dazs)。

通用磨坊与品食乐原本是两家独立的公司，分别坐落于密西西比河的两岸，互为竞争对手。然而，正是由于这两家公司的出现，使得明尼阿波利斯成为世界一流的面粉加工中心之一。

1989年，品食乐公司遭到知名袭击者(a well-known raider)詹姆斯·戈德史密斯爵士(Sir James Goldsmith)的敌意收购，英国饮料巨头格瑞曼德担当"白衣骑士"收购了品食乐。

品食乐公司成为帝亚吉欧公司的子公司后，作为一个独立的公司，公司2000财年的收入大约为61亿美元。

二、本次交易起因

1998年春天，为力图确立增长势头，通用磨坊食品公司研究了具有增长潜力和价值创造的领域。此时公司对采取收购战略达成了共识，并促成了一些规模较小的收购。

2000年年初，通用磨坊食品公司的财务顾问表示，帝亚吉欧公司可能有兴趣卖掉品食乐公司以试图将帝亚吉欧的重心放在饮料业务上，而收购品食乐公司将会完善通用磨坊的现有业务。

2000年3月，帝亚吉欧的首席营运官与通用磨坊的董事长兼首席执行官联系并探讨有关品食乐收购的事宜。

2000年6月，通用磨坊向帝亚吉欧提交了其拟定的交易条款，提出的支付总额为100亿美元。而帝亚吉欧提交了一份105亿美元的报价。

双方都不想再作出任何让步，谈判看起来好像要失败了。

通用磨坊不想发行超过交易后三分之一的股票给帝亚吉欧，并认为其股价在股票市场中被低估了。帝亚吉欧则认为目前交易价格反映了通用磨坊的

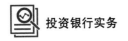

真实价值。

为了努力弥补分歧,两家公司同意在交易条款中包括一项取决于该交易一周年时通用磨坊股票价格表现的或有支付条款(Contingent Payment)。

通用磨坊的财务总监 James Lawrence 说:"我们确实相信采用这种方式可以使他们拥有自己的蛋糕,同时我们也可以享用蛋糕。毫无疑问,缺少这种方式,我们就不会达成这项交易了。"其财务主管 David Van Benschoten 补充道:"或有支付是过去 20 多年中期权得到使用并发展的又一个例子。"

2000 年 7 月 16 日,通用磨坊和帝亚吉欧的董事会批准了最后的交易条款。次日,两家公司发布了这项协议。

三、交易条款

收购后的品食乐作为通用磨坊的一个全资子公司。支付安排如下:

1. 股票支付

通用磨坊将发行 1.41 亿股普通股给帝亚吉欧公司。交易之后,帝亚吉欧将拥有通用磨坊 33% 的股份,成为第一大股东。

2. 承担品食乐公司的债务

美国通用磨坊同意在并购交易完成时承担品食乐的债务,规模预计为 51.42 亿美元。品食乐的负债由 1.42 亿美元的现有负债和 50 亿美元的新借款组成,其中品食乐新筹措的 50 亿美元借款于此次交易结束作为一笔特别红利(Special Dividend)分给帝亚吉欧。

3. 帝亚吉欧给通用磨坊的或有支付

在并购交易完成时,帝亚吉欧将拿出 6.42 亿美元现金,设立一个代管基金(Escrow Fund)。

到并购后第一周年时,帝亚吉欧需要根据通用磨坊的股价表现从这个基金中向通用磨坊支付一定金额:

(1) 如果 20 天内日平均股票价格不低于 42.55 美元,则支付 6.42 亿美元。

(2) 如果 20 天内日平均股价不高于 38 美元,则支付 45 万美元。这个价格反映了交易谈判时通用磨坊公司的交易价格。

(3) 如果 20 天内日平均股价在 38 美元至 42.55 美元之间,帝亚吉欧公司将从 6.42 亿美元代管基金中收回的金额为(42.55 美元—日平均股价)×帝亚吉欧公司所持有的通用磨坊公司的股票数,剩余部分归通用磨坊公司。

在通用磨坊公司的告股东书(Proxy Statement)中,其财务顾问对该交易的评价是:该交易定价公平。

四、此次交易动机

在股东告知书中,通用磨坊说明了此次交易的动机:收购品食乐将带来销售增长和盈利增长的机会,从而为股东创造价值;体现在产品创新、销售渠道扩展、国际扩张以及生产率的提升;生产出的产品组合将更加均衡。基于全球食品的销售,合并后的公司在行业中的排名将升至第五。

除了带来增长外,这项交易将会创造节约成本的机会。管理部门期望在2001财年税前节省2 500万美元,2002财年节省2.2亿美元,到2003财年时节省4亿美元。供应链的改进(即活动的整合以及采购和物流最佳实践的运用)、销售、规划、营销的效率提升以及行政活动的精简都将带来费用的节省。

五、并购交易结束后的股价表现

交易谈判时通用磨坊的交易价格约为38美元,在2000年7月17日双方发布并购公告后的一个星期内,公司的股票交易价为34～37美元,通用磨坊的股票损失了8%的净市场价值。但是,到了8月下旬,投资者开始拉升通用磨坊的股价,原因是公司发布了合并后的股东告知书,投资者得到了正面信息,同时了解到品食乐在2000财年的经营亏损将小于分析师们之前的预期。

当年秋天,通用磨坊股票成为几个"买入"推荐股票的主角。在当年12月的第一周时,该公司的股价为40～42美元。

下面对案例4-2中支付条款进行剖析。本案例中的支付对价包括三部分:

一是股份支付,收购方通用磨坊向目标企业的母公司——帝亚吉欧发行1.41亿股普通股。

二是现金支付,品食乐新筹措的50亿美元借款于此次交易结束作为一笔特别红利分给帝亚吉欧,即目标企业股东——帝亚吉欧得到的现金对价部分。

三是含有多个期权的条款,帝亚吉欧给通用磨坊的或有支付即是期权条款部分。由于目标企业的母公司——帝亚吉欧坚持取得并购后股份占比的33%,在收购方通用磨坊看来是多支付了,因此要求帝亚吉欧拿出一部分资金(6.42亿美元)由第三方代管,一年后视情况确定向收购方返还的金额。

(1)若第一周年时,股价表现很好(有20天内日平均股票价格不低于 42.55 美元),表明当初确实多收了对价,需返还一部分,即把被托管的 6.42 亿美元支付给收购方。

(2)若第一周年内股价表现不尽如人意(即如果 20 天内日平均股价不高于 38 美元,这个价格反映了交易谈判时通用磨坊公司的交易价格),说明收购方并没有过多支付对价,此时象征性地向收购方支付 45 万美元。

(3)在并购后第一周年内,如果通用磨坊的股价在其中的 20 天内的日平均股价在 38 美元至 42.55 美元之间,条款中说:帝亚吉欧公司将从 6.42 亿美元代管基金中收回的金额为(42.55 美元－日平均股价)×帝亚吉欧公司所持有的通用磨坊公司的股票数,剩余部分归通用磨坊公司。此相当于:帝亚吉欧将向通用磨坊公司支付 $6.42-(42.55-S_T)\times1.41=1.41(S_T-38)$ 亿美元,其中 S_T 为期间 20 天内在 38 美元至 42.55 美元之间的日平均价,1.41 亿是帝亚吉欧收到的通用磨坊公司发行的股份数量。

至此,该含期权条款已经明晰了,此包含三个期权。记 S_T 为第一周年期间 20 天内的日平均价,从通用磨坊公司的角度其持有的期权头寸和一周年后的所得如表 4-1 所示。

表 4-1 并购支付含期权条款的头寸分解

头寸分解	$S_T \leqslant 38$	$38 < S_T < 42.55$	$S_T \geqslant 42.55$
多头现金或零卖权(现金为 45 万美元、执行价格为每股 38 美元)	45 万美元	0	0
多头 1.41 亿份、执行价格为每股 38 美元的买权	0	$1.41(S_T-38)$ 亿美元	$1.41(S_T-38)$ 亿美元
空头 1.41 亿份、执行价格为每股 42.55 美元的买权	0	0	$-1.41(S_T-42.55)$ 亿美元
总 计	45 万美元	$1.41(S_T-38)$ 亿美元	6.42 亿美元

记并购完成时现金或零卖权(现金为 45 万美元、执行价格为每股 38 美元)的价值为 P_0、1.41 亿份、执行价格为每股 38 美元的买权的价值为 C_1,

1.41亿份、执行价格为每股42.55美元的买权价值为C_2,从而这一含权条款代表了于并购完成时帝亚吉欧向通用磨坊公司支付了价值为$P_0+C_1-C_2$的期权组合资产。

第三节 换股比率及相关分析

一、换股比率

1. 换股比率的含义

关于换股收购,核心是确定换股比率(Exchange Ratio,ER)。换股比率定义为目标企业每一股股份可换取收购方的股份数。在换股情况下,并购公告发布的每股收购价格为换股比率乘以收购方的每股价格。此收购方的每股价格为公告前一个交易日的收盘价或公告前几个交易日收盘价的平均值。

2. 换股比率案例

下面看两个案例(案例4-3、案例4-4),以加强对换股比率概念的理解。

【案例4-3】 2000年9月13日,美国大通曼哈顿银行和摩根银行发表联合新闻公报说,两家银行同意合并,以组成拥有总资产6 600亿美元的摩根大通银行。2008年3月16日摩根大通集团宣布,将换股收购美国第五大投资银行贝尔斯登。根据协议,该交易将以换股形式进行。摩根大通将用每0.054 73股摩根大通普通股交换一股贝尔斯登股票。基于2008年3月15日的收盘价,该交易约合每股2美元。

【案例4-4】 2008年9月14日,美国银行与美国第三大投资银行美林证券达成协议。根据双方协议,美林的所有股份将转换成美国银行的股份,换股后,美林的资产并入美国银行的分支机构,而美林将随之退市。根据协议,每1股美林普通股可转换为0.859 5股美国银行股份,按9月12日美国银行收盘价计算,收购价格为每股29美元,较美林上周五的收盘价溢价70%,收购总价为445亿美元。图4-2是原美林证券的品牌标识。

新组建的美国银行美林(Bank of America Merrill Lynch)公布了新的品牌视觉形象(图4-3)。

图 4-2　原美林证券的 Logo

图 4-3　美国银行美林的新品牌标识

二、与换股比率有关的几个结论

以吸收合并为例,收购方为 A 公司,被收购方即目标企业为 B 公司,合并后 A 公司为存续公司,记换股比率为 r,并购前双方发行在外的股份数分别为 Q_A 和 Q_B。换股收购下有如下几个基本结论:

1. 结论一

收购方 A 公司需要增发新股数为:rQ_B。从而吸收合并完成后,存续公司 A 公司总的发行在外股份数为:$Q_A + rQ_B$。

2. 结论二

记吸收合并完成后,原收购方全体股东和目标企业全体股东在存续公司的股份占比分别为 h_A 和 h_B,则有:

$$h_A = \frac{Q_A}{Q_A + rQ_B} \tag{4.1}$$

$$h_B = \frac{rQ_B}{Q_A + rQ_B} \tag{4.2}$$

3. 结论三

记吸收合并完成后,存续公司的价值为 V_{AB},则并购作为一种投资活动,给双方带来的净现值分别为:

$$NPV_A = h_A V_{AB} - V_A = V_{AB} - h_B V_{AB} - V_A \tag{4.3}$$

$$NPV_B = h_B V_{AB} - V_B \qquad (4.4)$$

其中 $h_B V_{AB}$ 被称为收购成本。

根据净现值非负准则,即 $NPV_A \geqslant 0$ 且 $NPV_B \geqslant 0$,可以确定收购方所接受的最大换股比率以及目标企业所接受的最小换股比率,此即换股比率的取值区间,是双方就换股比率进行商谈的"底牌",是体现"科学"的一面;至于谈判时尽可能对己方更有利,争得更多筹码,则是"艺术"的体现了。

记 S 为并购协同效应,显然有:

$$S = V_{AB} - (V_A + V_B) = NPV_A + NPV_B \qquad (4.5)$$

4. 结论四

记并购前双方企业年盈余水平分别为 E_A 和 E_B,并购后存续公司下一年的总盈余水平为 E_{AB},则并购行为给双方股东每股盈余(EPS)带来的变化分别为:

$$\Delta EPS_A = \frac{E_{AB}}{Q_A + rQ_B} - \frac{E_A}{Q_A} \qquad (4.6)$$

$$\Delta EPS_B = \frac{E_{AB}}{Q_A + rQ_B} r - \frac{E_B}{Q_B} \qquad (4.7)$$

若 ΔEPS 为正,表明每股盈余增加(Accretion);若 ΔEPS 为负,表明每股盈余稀释(Dilution)。由于现实中股东们十分在意每股盈余的变化,因此基于并购行为的每股盈余增加/稀释分析法(EPS Accretion/Dilution Analysis)在业界广为采用。

尽管战略买家也依赖基本分析法(诸如现金流折现法、可比公司法、既有交易法等)为潜在的收购目标确立价值区间,它们尤其重视每股盈余增加/稀释分析法。由于每股盈余稀释对股价潜在的不利影响,公众公司通常不愿进行带来每股稀释的交易。

三、并购行为的净现值(NPV)与不同换股比例对每股盈余的影响分析

1. 并购行为的净现值(NPV)案例分析

下面通过一个案例(案例 4-5)来说明不同支付方式下收购方和目标企业 NPV 的确定。

【**案例 4-5**】 假定公司 A 和公司 B 的价值分别为 30 亿元和 6 亿元,两者

均无财务杠杆。假设公司 A 全部收购公司 B,合并后的企业总价值为 42 亿元,其中 6 亿元为协同协应。又假设公司 A 和公司 B 发行在外的股份数分别为 25 000 000 股和 10 000 000 股。试分析换股比率为 0.75 时并购双方的 NPV。

分析：换股比率为 0.75,则公司 A 全部收购公司 B,需要向公司 B 的股东共增发股份 0.75×10 000 000＝7 500 000 股。公司 B 全体股东在并购后的企业中股份占比为 7 500 000/(25 000 000＋7 500 000)＝23.076 9%,从而可知公司 B 全体股东在并购后的企业中享有的价值为 23.076 9%×4 200 000 000＝969 229 800 元。则收购方公司 A 的 NPV 为 4 200 000 000－969 229 800－3 000 000 000＝230 770 200 元,被收购方公司 B 的 NPV 为 969 229 800－600 000 000＝369 229 800 元。

由已知信息知,此次并购的协同效应为 42－30－6＝6 亿元,正好是并购双方 NPV 之和。

2. 不同换股比例对盈余的影响案例分析

下面通过一个案例(案例 4-6)分析每股盈余的增加/稀释。

【案例 4-6】 公司 A 正在考虑通过换股的方式收购公司 B。双方达成的收购价格为每股 35 美元。已知并购公告前收购双方的信息如表 4-2 所示。

表 4-2 并购双方并购前的信息

项目	公司 A	公司 B
当前盈余/美元	20 000 000	5 000 000
发行在外股份数/股	5 000 000	2 000 000
每股价格/美元	64.00	30.00
市盈率/倍	16	12

换股比率为：收购价格/并购公告前收购方股价＝35/64＝0.547

(注：换股比率与收购报价,知道其一,即知另一)

即每 1 股公司 B 的股票可换成 0.547 股公司 A 的股票。

因此,为合并公司 B,公司 A 共需新发股票：0.547×2 000 000＝1 093 750(股)。

假定并购后双方的盈余水平不变,那么并购后公司 A 的每股盈余为 4.10 美元,总盈余为 25 000 000 美元,发行在外股份数为 6 093 750 股。并购后公司 B 股东的每股盈余为 0.547×4.10=2.24 美元。

第四节 反并购措施

反并购措施分为收购要约前的反收购措施和收购要约后的反收购措施两种情况。

一、收购要约前的反收购措施

收购要约前的反收购措施不针对具体的收购方,而是提前对公司章程做出相应修改,以防范敌意收购。这些举措包括:

1. 董事轮换制(或交错董事会)

董事轮换制即公司章程中规定每年只能改选部分董事,这就增加了收购方控制公司的难度。

2. 绝大多数条款

绝大多数条款即规定公司重大事项的决定必须经过绝大多数股东的同意才能生效。

3. 金降落伞

即无论被谁收购,都要求收购方完成收购后对管理层更换时,要给被解聘的管理人员一笔丰厚的安置费。

4. "毒丸"计划(Poison Pills)

"毒丸"计划是指目标公司赋予其股东一项买权,当收购方收购目标企业的股份达到一定比例时,将触发剩余股东有权利按持股数的一定倍数以超低价格要求目标企业增发股份,其结果使得收购方控制目标企业代价更大且更为困难。此方案被认为是最有效的防御举措。正如 Bruner(2004)所说,制定此类防范措施的意图在于不施行,就像"核武器"。比如:假定目标企业每股价格 12 元,"毒丸"计划规定,一旦收购方购买公司股份达到 50%,允许公司余下的股东每持 1 股公司股份即有权利按照每股 1 元的价格购买 4 股新的股份。假定目标公司发行在外股份为 2 亿股。假如某一收购方已收购目标公司的股份 1 亿股,达到 50%,由此触发了"毒丸"计划的执行,即余下的股东每人手中的 1 股可要求公司按 1 元的价格向其增发 4 股,结果公司会收到 4 亿元现金,增发 4 亿股。这样一来,目标公司最终发行在外股份增加至 6 亿股,收购方的持股比率由 50% 降为 1/6,不到 17%。此时目标公司每股价值下降为 $(12 \times 2 + 4)/6 \approx 4.67$ 元。收购方价值缩水近 7.4 亿元。

5. "毒丸"卖权(Poison Puts)

"毒丸"卖权是指在公司章程中规定,公司被收购后,原公司债券持有人有权利将债券按面值出售给公司。因为大多数敌意收购是要求用现金支付的,这样收购方通常要大量举债,并指定以目标企业的资产为抵押,结果企业被收购后资信下降,原债券价值缩水。目标公司制定此条款意在保护其债权人的利益,同时也增加了收购成本。

二、收购要约后的反收购措施

收购要约后的反收购措施是针对特定收购方的,具体举措包括:

1. 特定目标的股票回购

即公司斥资在二级市场上回购那些犹豫摇摆的股东的股票,余下的都是对公司坚定忠心的股东。

2. 诉诸法律

即起诉收购方涉嫌市场垄断等行为。

3. 资产收购和资产剥离

指目标企业将收购方看中的优质资产暂时剥离掉,购买一些科技含量低、没有吸引力的资产,即"涂污"自己。

4. 邀请"白衣骑士"

即目标企业邀请自己心仪的收购方来收购,这样一来,即便敌意的收购方赢得收购,也会大幅提高收购代价,从而让目标企业股东收到更多的筹码。

5. "帕克门"反收购战略

即目标企业也发起对收购方的收购要约,以期抢先控制对方企业,这样势必引发大幅溢价,加快收购步伐的对攻战。

三、敌意收购案例

案例4-7为一个敌意收购的经典案例,在该次收购中,摩根士丹利充当了敌意收购方的财务顾问,从而声誉受损,而高盛公司接受了被收购企业弱势一方的邀请,担任其财务顾问,在业界树立了良好的口碑。此次业务对摩根士丹利和高盛影响巨大,成为投资银行头把交椅易主的肇始。

【案例4-7】 国际镍铬公司收购电子蓄电池公司

在20世纪70年代以前,敌意收购是遭人耻笑的,被广泛认为是一种不道德的商业举动。但是到了70年代早期,一向文明规范的投资银行业在突然之间走到了尽头,一些大公司和投资银行家们抛弃了这个已经有一个世纪之久的行业传统:所有的接管或并购活动必须是善意的。

1974年7月,投资银行界信誉最好的摩根士丹利首先参与了敌意收购活动。当时,摩根士丹利代表其加拿大客户——国际镍铬公司(International Nickel Company, INCO)参与了企图敌意收购电子蓄电池公司(Electric Storage Battery Company, ESB)的行动。

电子蓄电池公司在1974年是世界最大的电池制造商,当年的销售额超过4亿美元。由于股市下滑,所以尽管公司的利润增加,但其股价却表现不佳。许多公司表示有兴趣收购电子蓄电池公司,不过都遭到了拒绝。

加拿大国际镍铬公司是该行业最大的公司,控制了世界镍市场的40%。由于市场需求的波动性,镍市场的竞争十分剧烈。为了稳定现金流,公司希望有一个收入稳定的并购目标。公司觉得电子蓄电池公司是合适的对象,电子蓄电池公司代表的是能源产业,电池代替石油驱动汽车的前景十分有吸引力。当前股价正是介入的好时机。因此,在1974年7月18日公司宣布以每股20美元的价格(比上一个交易日市价高9美元)收购电子蓄电池公司所有发行在外的股份,收购总金额为1.57亿美元。

国际镍铬公司聘请摩根士丹利担任其财务顾问。摩根士丹利之所以为其敌意收购提供投资银行服务,一是当时投资银行业的竞争过于激烈;二是如果拒绝加拿大国际镍铬公司的要求将失去这个长期客户。

电子蓄电池公司老板随后与高盛公司兼并收购部接洽,请求帮助。高盛建议电子蓄电池公司用"白衣骑士"或者进行反托拉斯诉讼的办法对付国际镍铬公司。在高盛公司和"白衣骑士"联合飞机制造公司（United Aircraft）的协助下，国际镍铬公司最终付出了每股 41 美元的高价，电子蓄电池公司的股东们手中的股票溢价 100%。

收购电子蓄电池公司最后被证明是一次错误的投资。这一方面是由于被指控垄断，国际镍铬公司不能自主管理该公司，直到三年多后才得到对该公司的控制权；另一方面，虽然电池行业很有前景，但是，电子蓄电池公司的技术在该行业并不领先。

因为是敌意收购，无法了解电子蓄电池公司的内部财务数据，所以直到 1981 年，电子蓄电池公司一直亏损。最后国际镍铬公司将该公司分成四部分出售。

尽管这次并购并不成功，但却开了敌意收购的先例。摩根士丹利在这次收购中总共收取了 25 万美元的咨询服务费，这在当时看来十分诱人，不过与 80 年代的咨询费用相比就显得不足挂齿了。例如，1989 年，摩根士丹利和其他三家投资银行从 KKR 公司对纳贝斯科将近 250 亿美元的杠杆收购中收取了 2.5 亿美元的咨询费。从这一敌意并购事件之后，在一次又一次的收购和反收购斗争中，首先是摩根士丹利，然后是第一波士顿，都充当了收购者的顾问，而高盛公司则是反敌意收购的支柱。

反敌意收购业务给高盛公司并购部带来的好处是难以估量的。1966 年并购部的业务收入是 60 万美元，1980 年已升至大约 9 000 万美元，1989 年升至 3.5 亿美元，而到 1997 年，这一指标再度升至 10 亿美元。

可以说，1974 年摩根士丹利无意之中为高盛公司提供了一个"终生"获利的发展机遇，高盛公司借此机会跳出了投资银行的第二集团，走上了通往第一集团的康庄大道。

第五节 杠 杆 收 购

一、杠杆收购的基本知识

1. 杠杆收购的主要参与方

杠杆收购（leveraged Buyout, LBO）的主要参与方为财务发起人、投资银行、银行和机构放贷者、债券投资者以及目标管理层。

2. 成为杠杆收购对象的特征

成为杠杆收购对象的突出特征包括：强大的现金流产生能力、领先而坚固的市场地位、增长机会、效率提升机会、较低资本性支出要求、强大的资产基础以及经验丰富的管理团队。

3. 杠杆收购经济分析

杠杆收购经济分析常采用内部收益率（Internal Rate of Return，IRR），关键是实现可接受 IRR 门槛的信心，历史上作为广泛接受的"经验法则"是 20% 以上的 IRR 收益率标准。

大多数发起人计划在五年持有期内退出或变现其投资，向其有限合伙人（LPs）提供及时的回报。投资的退出方式往往是通过把股份出售给另一家公司（常被称为战略售出）、出售给另一个发起人或 IPO。

二、杠杆收购的融资方式

1. 银行借款

银行债务位于优先级，没有保护期限设定，即借款人可以选定任何时间归还本金而没有罚金。传统型银行债务突出的是财务维持性规定（Maintenance Covenants）：要求借方在任何时候都要符合某些财务比率或季度性检测，以"维持"某个信用特征。

2. 高收益债券

对高收益债券而言，赎回保护期限是标准的。对期限为 7～8 年固定利率债券，它们通常被设定为 4 年保护期；10 年期固定利率债券的赎回保护期为 5 年。高收益债券强调的是限制性规定（Incurrence Covenants），即仅仅防止发行人采取一些具体行为，如发行额外债务、实施某些投资、支付红利等。

3. 夹层债务

夹层债务是指介于传统债务和股权之间的资本层。夹层债务这一工具的形成要经过发行人和投资者之间的详细商定，从而契合特定交易的融资需要和投资者的必要回报。如此一来，夹层债务在条款设计上允许有大的灵活性，使得对发行人和投资者均有利。

典型的投资者包括专投夹层债务基金和对冲基金。对投资者而言，夹层

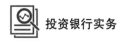

债务提供的回报率要高于传统的高收益债券,并可在其中嵌入可分离权证,从而使夹层债务投资者从股价升值中受益。夹层债务的利息通常采用现金和非现金的实物支付(Payment-in-kind,PIK)债券相结合的方式。所谓非现金的实物支付债券是指发行人将期间到期利息作为新的债务。

4. 股权资本

股权资本即杠杆收购发起人的自有资金出资部分。

三、杠杆收购案例

1. 专门从事杠杆收购的老牌私募股权投资基金 KKR 的一次经典杠杆收购案

【案例 4-8】 KKR 对雷诺兹·纳贝斯科(RJR Nabisco)收购案

一、并购双方背景

KKR 公司的全称为:Kohlberg Kravis Roberts & Co.,是由克拉维斯(Henry Kravis)和其表兄罗伯茨(George Roberts)以及他们的导师科尔博格(Jerome Kohlberg)于 1976 年共同创建的。

雷诺兹·纳贝斯科(RJR Nabisco)的前身为 RJR、Nabisco 和 Standard Brands。RJR 公司成立于 1875 年,从事烟草业,总部在美国东南岸北卡罗来纳州的一个小镇 Winston-Salem。1913 年,RJR 公司推出了其第一个香烟品牌 Camel(骆驼),其后陆续推出 Winston(云斯顿)、Salem(沙龙)等品牌。RJR 公司逐渐成为美国两大烟草商之一。

Standard Brands 公司和 Nabisco 公司同为美国历史悠久的食品制造商。到了 20 世纪七八十年代,两公司均出现了发展缓慢、业绩平平的状况。1981 年 3 月,Standard Brands 公司和 Nabisco 公司两家决定合并,新的公司名称为 Nabisco Brands。此后,新公司成功进军美国饼干市场。

1985 年初,RJR 公司锐意开拓食品市场以分散业务,并和 Nabisco Brands 公司合并为 RJR Nabisco,成为美国最大的食品和烟草生产商。到 1987 年,RJR Nabisco 的食品业务发展迅猛,除了饼干和调料外,还有糖果、燕麦片等,但烟草业务的利润丰厚,仍占主营业务的 58% 左右。

二、并购原因

1987 年美国股市大跌,加之烟草是 RJR Nabisco 公司的主导产品,曾有许多烟草公司受吸烟人要求给予损害赔偿的影响,投资者对该产业信心大减,因此,该公司股价表现一直不佳,在40美元左右徘徊,远低于高峰时期的70美元。管理层曾努力抬高股价,包括1988年春回购公司股票210万股流通股,然而这些都未能促使RJR Nabisco公司股价上扬。

在这种情况下,1988年10月,由公司首席执行官罗斯·约翰逊组织的管理者团队向董事会提出以每股75美元的价格用现金收购公司的全部股份并将公司私有化的动议。消息一出,公司股价立即蹿升至接近75美元,较前一交易日56美元的股价上升了36%。与此同时,该公司债券价格却大幅缩水。

罗斯·约翰逊的举牌将RJR Nabisco公司推上了拍卖台,由此拉开了对RJR Nabisco公司收购竞标的序幕。

三、竞标过程

当时参与这场竞标的有四大主力:

第一竞标方是"管理集团",包括RJR Nabisco公司的部分管理层、美国运通公司、希尔森-莱曼-赫顿公司、所罗门兄弟公司等;

第二竞标方是KKR公司、兰伯特公司、摩根士丹利、沃塞斯顿·佩雷拉公司等;

第三竞标方是福斯特曼·利特尔联合公司、高盛;

第四竞标方是第一波士顿公司。

第三、第四竞标方由于种种原因提前出局,而罗斯·约翰逊团队与KKR的报价争夺战却异常激烈。

在罗斯·约翰逊团队报出每股75美元、全部以现金收购这一交易条件的四天后,KKR即报出每股90元,其中79元支付现金、另外支付价值为11美元的PIK型优先股(PIK的意思是以实物支付,即发行企业可以选择用优先股代替现金来支付优先股股息)。

就在竞价结束前最后一小时,KKR将自己的每股报价提高了1美元(大约相当于2.3亿美元的总额),最后报价为每股109美元,其中81美元支付现金,另加价值约为10美元的可转换次级债券和价值约为18美元的PIK优先股,而罗斯·约翰逊的管理层收购团队报价则为每股112美元的现金加证券。

然而,RJR Nabisco的董事会最终还是选择了KKR。尽管罗斯·约翰逊收购团队的每股报价高出了3美元,但其证券估价被认为有点"水分",可能被高估了。另外,罗斯·约翰逊团队的收购方案中还包含未来给予管理层过分优厚的薪酬计划,结果也招来潮水般的批评。

四、高溢价收购之因

RJR Nabisco公司究竟问题何在?潜在价值几何?就在33天前,RJR Nabisco公司的每股售价还仅仅是56美元,为何KKR愿意出价每股109美元、总计约250亿美元呢?

原来KKR和其他竞价者都把宝押在以下两点:一是希望通过增加公司利息税盾、减少资本支出和出售并非公司核心业务所必需的资产等举措而带来数十亿美元的现金流。仅仅资产出售一项预计就能带来50亿美元。二是他们希望通过削减费用、精简机构等举措来提升公司核心业务的盈利能力。RJR Nabisco公司显然有许多地方可以裁减,如公司的"航空力量",公司一度拥有10架喷气式飞机供高管们享用。

五、KKR的融资安排与收购操作

在此次收购中,KKR的出资即股权资本部分所占比例极小。本次收购资金规模达到250亿美元,而KKR自身提供的现金仅为15亿美元,仅占6%,余下94%的资金主要靠"垃圾债券大王"迈克尔·米尔肯和他领导的德崇证券(Drexel Burnham Lambert)帮其发行垃圾债券,以及其他投资银行和商业银行的参与。

收购分为两个阶段:第一阶段是在1989年2月9日前完成对RJR Nabisco 75%的流通股的标价收购。资金安排方面,除了KKR提供的15亿美元股权投资、50亿美元的递增利率票据、新发行的5亿美元债券外,由各金融机构提供超过110亿美元的过桥贷款。第二阶段是在1989年完成后续融资,用以归还过桥贷款。首先是为收购而建立的"壳公司"——RJR Acquisition Corporation与RJR Nabisco合并,利用后者的真实融资能力以现金和证券的方式融资250亿美元。然后陆续通过出售部分资产、债务重组等偿还过桥贷款和降低融资成本。

六、并购后的整合与退出

KKR收购的当年,公司建立了新的管理班子,变卖资产,压缩经营开支,削减资本支出,大量进行裁员。

1999年,KKR对公司追加了权益投资,公司回收了一些垃圾债券。

与其他通过LBO退市的企业一样,RJR Nabisco公司作为私人企业的时间并不长。1991年,RJR Nabisco发售了11亿股股份,再次成为上市公司。KKR逐步退出了它的投资,最后公司的份额也在1995年大致以当初的收购价格售出。

七、各利益相关方在并购交易中的得失

此次杠杆收购最大的赢家是原RJR Nabisco公司的股东。并购前这家食品烟草公司2.29亿股股票每股市价约为56美元,而KKR的出价为每股109美元。第二大赢家为KKR的普通合伙人(GPs)和有限合伙人(LPs)。其他受益者包括参与此次收购的各投资银行、商业银行、律师等。明显的输家是RJR Nabisco公司原有债券的持有人。

2. 杠杆收购中设立SPV的案例

【案例4-9】 塔塔茶叶公司对英国泰特莱茶叶公司的杠杆收购案

2000年,印度的塔塔茶叶公司买下了英国的泰特莱茶叶公司,此次收购在印度创下了许多第一,值得称道。该收购是由塔塔茶叶公司设立的一家离岸特别目的公司(SPV)通过结构融资完成的。这是印度首次杠杆收购交易,也是截止到那时印度最大的一笔海外收购。此次交易规模达3.05亿英镑,由荷兰合作银行(Rabo Bank)牵头融资。此次收购使塔塔茶叶公司成为世界第二大茶叶品牌公司。

为此次收购设立的SPV名称为塔塔茶叶大不列颠公司,注册资本金为7 000万英镑,其中印度塔塔茶叶公司出资6 000万英镑,其美国子公司塔塔茶叶股份有限公司出资1 000万英镑。接着,为筹措庞大的收购款,再由该SPV向外举债2.35亿英镑,其债务股本比率近3.36倍。

全部债务2.35亿英镑分成四档,期限为7~9.5年,票面利率为浮动利率,约为LIBOR加400个基点。作为此次融资牵头机构,荷兰合作银行提供贷款2.15亿英镑,余下的2 000万英镑由几家风险基金提供。全部债务由泰特莱的品牌和实际资产来担保,不得向印度塔塔茶叶公司追索。

全部交易金额3.05亿英镑包括收购金额(2.71亿英镑)和法律、银行和咨询等费用计0.34亿英镑。该SPV全部用现金买下了英国泰特莱茶叶公司。

第六节 股票分设

一、股票分设概述

与企业并购活动密切相关而又相反的一个行为是资产剥离,即售出企业的部门、子公司或其中的股份。股票分设(Stock Break-ups)是资产剥离的常见类型。股票分设可以看作是所有权的重组,是通过创设新的股票类别,为股东创造价值。

二、股票分设的形式

股票分设有以下三种形式:

1. 割股上市

割股上市(Equity Carve Outs,ECOs)是附属企业股份的公开发行,但母公司仍持有其大多数股份(如图4-4所示)。

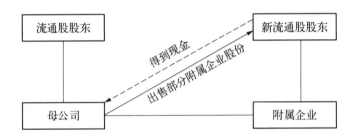

图4-4 割股上市图示

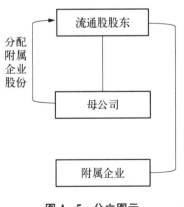

图4-5 分立图示

2. 分立

分立(Spin-offs)是附属企业将其股份按比例分配给母公司的股东,因此分立不涉及现金转移。附属企业经分立后成为一个独立的公司,有自己的董事会和管理团队(如图4-5所示)。

3. 追踪股票

追踪股票(Tracking Stocks)是指其收益与附属企业业绩挂钩的股份。追踪股票的发行兼具割股上市(涉及现金流入)和分立(追踪股票是附属企业股份的按比例发行)。然而,追踪股票与割股上市有更多的相似性,因为附属企业仍被母公司控制(如图4-6所示)。

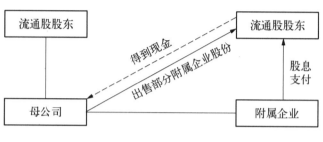

图4-6 追踪股票图示

第七节 并购套利

一、并购套利概述

专门从事并购套利(Merger Arbitrage)的对冲基金常常基于并购可能完成而布局头寸。一旦并购交易发布,套利者们会持有目标企业股份,卖空收购者的股份。大体上,卖空数量为购入目标企业股份数乘以换股比率。这一操作承受并购交易失败的风险,但不承担市场风险。

假设一个换股并购交易信息发布,换股比率为1。收购方和目标企业于公告后的股价分别为10元和8元。当前目标企业股价与收购方报价的差额被称作"套利价差":本例中,套利价差为2元。套利价差是套利者的潜在利润。

套利价差是反映并购交易完成概率的一个指标。并购公告后的目标企业当前价格可以视为如下两个结果的加权平均:一是交易完成,目标股东得到了收购报价;二是并购交易失败,目标企业股价回到其原有的水平。假设收购方和目标企业于并购公告前的股价分别为11元和7元,记并购成功的概率为p,则有$10p+7(1-p)=8$,可得并购交易完成的概率为1/3。

二、并购套利的案例分析

下面通过一个案例(案例4-10)来看一下公司股票分设过程以及带来的

并购套利机会。

【案例 4-10】 Palm 公司的割股上市与分立

1997 年 3Com 公司收购 U.S. Robotics 公司后,Palm 公司作为 U.S. Robotics 的附属子公司,自然也成了 3Com 公司的附属子公司。Palm 公司当时是一家研制手持计算机、规模较小的新兴企业。这是一次不错的收购,因为在接下来的三年里,Palm Pilot 掌上电脑逐步控制了手持计算机市场。

然而,随着 Palm 公司业务量的增长,其占用了 3Com 公司管理层越来越多的时间,影响到了 3Com 公司的销售计算机网络系统这一基本业务,因此,3Com 公司决定对 Palm 公司进行剥离。

2000 年,3Com 公司宣布先通过 IPO 出售其持有的 Palm 公司 5% 的股权(先分割上市),然后再将余下的 95% 的股份按 1∶1.5 分配给其股东,即每持有 3Com 公司的 1 股股份将得到 Palm 公司的 1.5 股股份(再公司分立)。

对 Palm 公司的股权出售正值高科技股火爆之时。在 IPO 时,每股发行价为 38 美元,而上市交易首日,股价一度达到 165 美元,最后报收于 95 美元。

因此,任何持有 3Com 公司 1 股股票的人可能期望在当年晚些时候收到 1.5 股 Palm 公司的股票,价值为 1.5×95=142.50 美元。

但很显然 3Com 公司的股东并不这样认为,因为在这同一天,3Com 公司的股价报收于 82 美元,比将要得到的 Palm 公司股份的市价少了 60 多美元。

本章思考题

1. 作为并购财务顾问,投资银行的主要职能有哪些?
2. 并购估值与企业单独估值的区别是什么?
3. 并购支付对价中是如何使用期权条款的?
4. 如何根据 NPV 准则确定换股收购的区间?
5. 甲公司拟以换股方式吸收合并乙公司,双方商定的收购价格为每股 28 美元。已知并购公布前的信息如下:

并购前双方信息表

项目	甲公司	乙公司
年盈余/美元	10 000 000	3 000 000
发行在外股份数/股	4 000 000	2 000 000
并购公告前每股市价/美元	35	26

(1) 甲公司要完成对乙公司的吸收合并,需要增发多少股份?

(2) 假定预期并购后存续公司甲公司的第一年盈余水平为并购前两公司盈余水平之和,试分析并购行为给双方每股盈余(EPS)带来的变化。

(3) 基于上述(2)关于并购后盈余的假设,乙公司为确保并购后每股盈余较并购前不稀释,试确定乙公司应当接受的最低换股比率。

6. 分析案例 4-10 如何进行并购套利。

第五章

投资银行的私募股权投资业务

私募股权投资基金几乎参与到企业发展的各个阶段,其中尤以风险投资基金(Venture Capital,VC)最为引人关注。风险投资基金是高新技术企业的天然投资人。风险投资基金进行股权投资,涉及对项目企业估值进而确定股权占比、持股形式选择以及防稀释条款的商定等,其中估值是关键。高新技术企业由于未来经营面临市场环境多变而自身拥有诸多专利技术等优势,使得实物期权分析法备受青睐。本章将对这些内容进行探讨。

第一节 私募股权投资基金

一、私募股权投资基金概述

私募股权投资基金(Private Equity Fund,PE)是以私募的形式募集资金,有专门的管理人对基金进行管理,主要投资于未上市企业的股权、与上市公司直接接洽出资持有其股份或进行杠杆收购行为。

在金融投资分类上,私募股权投资属于另类投资(Alternative Investment)。另类投资的最大特点是受资本市场的影响较小。

私募股权投资基金的投资者主要是那些具备承受高风险能力的机构和个人,如养老基金、大学募捐基金、保险公司、高净值投资者等。

私募股权投资基金较普遍的形式为有限合伙制(Limited Partnership)。合伙人分为有限合伙人(Limited Partners,LPs)和普通合伙人(General Partners,

GPs)。有限合伙人即是实际的出资人,不参与基金管理,以出资额承担有限责任。普通合伙人是基金管理人,对基金承担连带责任。基金管理人年管理费用通常以基金所有承诺资金的百分比计算,全球行业标准为2%,按季度或半年计算;作为对管理的回报,他们还能得到资本增值部分的20%左右的附带权益,而资本增值部分的80%在基金投资人之间分配,即所谓的二八分成。

有必要指出私募股权投资基金和私募股权投资企业的不同。私募股权投资基金是因某一投资项目或选定一家项目公司而发起设立的,先由私募股权投资企业指派的基金管理人对投资项目进行尽职调查,在决定投资后,着手非公开募资设立基金,其间要向出资人说明投资项目的发展前景、目标收益率(一般年预期收益率不低于25%)、基金投资退出的大概时间及方式。以VC基金为例,通常运作时间为5~7年,退出的方式有企业IPO退出、寻找战略买家售出和清算时退出三种方式。基金管理人要与出资人就有关管理费用收取和投资收益分配签订协议。私募股权投资企业旗下往往同时拥有许多私募股权投资基金。

二、私募股权投资基金的重要性

我们在投资银行的IPO承销业务中已经讲到,公开发行股票是企业募集资金的重要方式,也是企业长远发展、做大做强的关键历程。尽管如此,公开发行股票作为公募资金的方式之一,也有其局限性,诸如市场存在变数、成本大且费时,因此公开发行股份未必总是合适的方式,而私募作为资本市场筹集资金的另一种方式,可以弥补这些不足。无论是公众企业还是私人企业,均可以私募方式筹集资金。投资者通常是私募股权投资基金。企业接洽延揽私募股权投资基金,不全是为了筹措资本,有的是为了引入战略投资者或合资伙伴,初创者的股权整合等。

以下从私募股权投资基金进入企业发展的阶段对其进行划分(图5-1),从中不难看出壮大私募股权投资基金业的重要性。

图5-1中的PIPE是Private Investment in Public Equity的缩写。PIPE融资的特征:一是私募(Private),是在上市公司和一部分投资者之间的私募交易;二是投资(Investment),是资金直接用于企业运营;三是公众(Public),是公众公司募集资金的一种方式;四是股权(Equity),为股权投资。

下面简单介绍三个世界著名的私募股权投资企业,其重要性可见一斑。

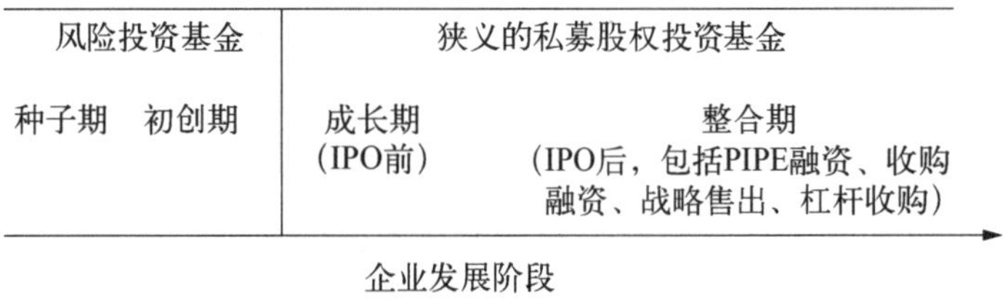

风险投资基金		狭义的私募股权投资基金	
种子期	初创期	成长期 （IPO前）	整合期 （IPO后，包括PIPE融资、收购 融资、战略售出、杠杆收购）

企业发展阶段

图 5-1 私募股权投资基金参与企业的阶段

一是红杉资本（Sequoia Capital）。创始于 1972 年，总部位于美国硅谷的沙丘路（Sandhill Road），创始人唐·瓦伦丁（Don Valentine），旗下共有 18 只基金，总资本超过 40 亿美元，总共投资超过 500 家公司，200 多家成功上市，100 多个通过兼并收购成功退出的案例。在成立之后的 30 多年之中，红杉作为第一家机构投资人投资了如 Apple、Google、Cisco、Oracle（甲骨文）、Yahoo 和 Linkedin 等众多创新型的公司。红杉投资的公司总市值超过纳斯达克市场总价值的 10%。因为美国高科技企业多集中在加利福尼亚州，该公司曾宣称投资从不超过硅谷 40 英里半径。2005 年 9 月，德丰杰全球基金和携程网与红杉资本一起始创了红杉资本中国基金（Sequoia Capital China）。

二是 KPCB。该名称由四个创始人 Kleiner、Perkins、Caufield 和 Byers 名字的首字母组成。近年来，它甚至有超过红杉风险投资之势。KPCB 成功投资了太阳公司、美国在线（AOL）、康柏电脑、基因科技、Google、eBay、亚马逊（Amazon）和网景等著名公司。它投资的科技公司占纳斯达克前一百家的十分之一。KPCB 投资效率之高让人瞠目结舌。

三是软银（Softbank），即软件银行集团。软银集团于 1981 年由孙正义在日本创立，并于 1994 年在日本上市，是一家综合性的风险投资公司。主要致力 IT 产业的投资，包括网络和电信。软银在全球投资过的公司已超过 600 家，在全球主要的 300 多家 IT 公司拥有多数股份。

第二节　风险投资基金的运作

高新初创企业，由于未来经营风险很大，商业银行提供贷款较为谨慎，发行债券同样较为困难，此时公开发行股份成为公众企业更不太可能，风险投资基金自然是最为合适的投资人。从发达经济体的发展历程来看,其科技企业壮大、整体经济竞争优势强,风险投资基金业的健康发展功不可没。中国已明确提出科技立国,大力发展高科技企业,因此需要风险投资基金的加盟和助推,风险投资基金的科学合理运作与逐步健康发展就显得尤为重要。接下来重点阐述风险投资基金的有关运作。

对于拟投资入股一家新创办高科技企业的风险投资基金来说,风险投资基金管理人首先要与创业者(Founder,Entrepreneur)签订投资条款清单(The Term Sheet),核心涉及风险投资基金和创业者的股权占比、风险投资基金的股权形式选择以及防稀释条款。风险投资基金投资一个项目,首要的问题是对投资项目的价值评估,进而确定其持股比例。由于风险投资基金相较于创业者在专利技术信息方面处于劣势,因此通常在持有股权上有别于创业者的简单的普通股。考虑到首轮融资后企业还会有后续的风险投资基金注资,为防止后轮融资入股价较低而带来的稀释问题,风险投资基金在首轮投资时会考虑防稀释条款的商谈签订。

一、股权形式选择

由于风险投资基金在有关所投资项目科技含量信息方面处于劣势,若与创业者一样持有普通股,一旦创业者有隐瞒信息日后企业经营不善乃至出现破产清算的状况,风险投资基金势必遭受损失。在股权形式选择上,优先股可以确保在日后企业清算售出时的优先求偿权。但纯粹的优先股又过于保守,不能享受企业经营成功价值升值带来的好处。可转换优先股、参与可转换优先股都是不错的选择。

1. 优先股

优先股(Preferred Stock)相较于普通股具有清算优先权,即当公司清算或出售时,首先确保优先股股东的求偿权。然而当公司经营状况良好,清算或出售时公司的价值再高,优先股的持有人也只能得到优先股的面值,即其当初的出资额。显然,没有风险投资基金愿意持有单纯的优先股。

举一个例子,假如风险投资基金出资额为 3 000 000 元,在企业中的股权占比为 $1/3$,记 T 时企业清算或出售时的价值为 W_T,则风险投资基金作为优先股股东就有优先求偿权,具体到时所得(Payoff)(单位:百万元)可用分段函数表示为：

$$\begin{cases} W_T, & W_T < 3 \\ 3, & W_T \geqslant 3 \end{cases} \tag{5.1}$$

2. 可转换优先股

可转换优先股(Convertible Preferred Stock，CPS)是指赋予持有人将优先股转换为普通股的权利,通常转换比率为1。这样一来,到企业出售清算时,风险投资基金持有此类股份,可以继续作为优先股股东,确保其优先求偿权;或者转换为普通股,与创业者一起按照持股比例分享企业价值。仍以上述例子,风险投资基金作为可转换优先股股东的到时所得(单位：百万元),用分段函数表示如下：

$$\begin{cases} W_T, & W_T < 3 \\ 3, & 3 \leqslant W_T \leqslant 9 \\ \dfrac{1}{3} W_T, & W_T > 9 \end{cases} \tag{5.2}$$

图示如下(图 5-2)：

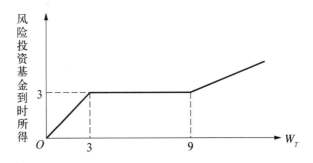

图 5-2 风险投资基金持有可转换优先股的所得

3. 参与可转换优先股

参与可转换优先股(Participating Convertible Preferred Stock，PCPS)是指在企业清算或出售时,该股份持有人除了确保其获得赎回价值外,还与创业者按其持股比例分享企业剩余部分的价值。

沿用上例,风险投资基金作为此类股份的持有人,其所得(单位：百万元)用分段函数表示如下：

$$\begin{cases} W_T, & W_T < 3 \\ \dfrac{1}{3}(W_T - 3) + 3, & W_T \geqslant 3 \end{cases} \quad (5.3)$$

图示如下(图 5-3):

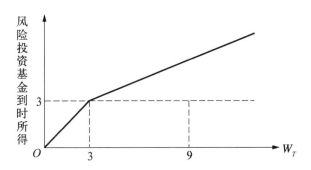

图 5-3 风险投资基金持有参与可转换优先股的所得

由上述阐述可知,风险投资基金持有 PCPS 股份,其到时所得分为两部分:一是出资额内的赎回价值;二是与创业者按持股比例分享企业余下的价值,尽管没有转换成普通股。显然,风险投资基金持有 PCPS 股份通常对创业者不利,因此创业者在与风险投资基金商定投资条款清单时,会尽可能地把如下两个条款中的其中一条补充进去,以保障自身利益:

(1) 一旦清算或出售时企业价值超过某一水平,要求风险投资基金将其持有的 PVPS 强制转换为普通股。

(2) 给清算优先权设定所得上限。

仍按上述例子,假设在风险投资基金与创业者签订的投资条款清单中,针对风险投资基金持有 PCPS 股份,增加了强制转换条款,当清算或出售时企业价值超过 12 000 000 元,要求风险投资基金将持有的 PCPS 股份转换为普通股。这一情况下,风险投资基金的到时所得(单位:百万元)用分段函数表示如下:

$$\begin{cases} W_T, & W_T < 3 \\ \dfrac{1}{3}(W_T - 3) + 3, & 3 \leqslant W_T \leqslant 12 \\ \dfrac{1}{3}W_T, & W_T > 12 \end{cases} \quad (5.4)$$

图示如下(图 5-4):

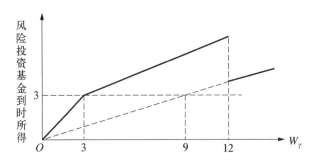

图 5-4 增加强制转换条款后风险投资基金
持有参与可转换优先股的所得

在此例中,如果针对风险投资基金持有 PCPS 股份,附加条款为风险投资基金于企业清算或出售时持有 PCPS 股份的所得上限为出资额的 2 倍,即 6 000 000 元。在此情况下,由 $1/3 W_T = 6$ 可知,当企业清算或出售时的价值为 18 000 000 元时,风险投资基金会自主选择将 PCPS 股份转换为普通股,这样可以分享企业价值的 1/3,大于设定的上限。其所得结果的分布函数和图示从略,留给读者思考。

二、防稀释保护

许多可转换优先股和参与可转换优先股包含防稀释条款(Anti-dilution Protection),即如果公司在后轮融资时发行股份的价格低于风险投资基金当初支付的价格,原转换价格就自动向下调整。有了这一条款,风险投资基金就不太可能反对因企业表现不佳而接下来进行的低股价(较之前的发行价)融资。

该调整机制分为完全棘轮条款和加权平均条款两类,后者又有广义和狭义之分。

1. 完全棘轮条款(Full Ratchet)

该条款是指将之前风险投资基金的转换价格(Conversion Price)调整为后轮融资中最低的发行股份价格。

2. 加权平均条款(Weighted-Average)

该条款是指针对转换价格的调整,考虑后轮发行股份的规模和发行价格的下降幅度。具体调整后的转换价格用公式表示为：

$$CP_2 = \frac{M}{M+N} \times CP_1 + \frac{N}{M+N} \times P' \tag{5.5}$$

式中，CP_2 为调整后的转换价格，CP_1 为之前的转化价格，首轮融资风险投资基金的转换价格即其投资时的股份发行价格。P' 为即将进行的新一轮融资的股份发行价格。M 为新一轮融资前的普通股数量，N 为此次新一轮融资发行的股份数量。

根据新一轮融资前的普通股数量 M 是否包含创业者及员工持有的股份，该条款进一步区分为广义加权平均条款和狭义加权平均条款，其中广义条款中的 M 包括创业者及员工持有的普通股数量，而狭义条款中的 M 仅指风险投资基金持有的普通股数量。需要说明的是，这里 M 表示的普通股数量是指充分稀释的普通股数量，即假设风险投资基金所持有的优先股已转换为普通股，创业者及员工持有的股票期权也进行了行权。

下面通过一个案例（案例 5-1）来说明上述诸条款的应用。

【案例 5-1】 假定首轮融资中风险投资基金 A 出资 3 000 万元投资一家新创企业，以每股 30 元的价格取得 100 万股可转换优先股。创业者持有 200 万股普通股。由于该企业经营不太理想，在随后的第二轮融资中另一家风险投资基金 B 出资 3 000 万元，以每股 10 元的价格认购企业 300 万股可转换优先股。

（1）在没有防稀释条款的情况下，风险投资基金 A 的转换价格不作调整，仍为每股 30 元。第二轮融资后，充分稀释后的普通股份数合计为：100 万股（风险投资基金 A）+200 万股（创业者）+300 万股（风险投资基金 B）=600 万股，从而风险投资基金 A 的股权占比为 1/6，约为 16.67%。此表明企业的投资后价值（Post-money Valuation）为 600 万股×10 元/股=6 000 万元，投资前价值（Pre-money Valuation）为 6 000-3 000=3 000 万元。

（2）在完全棘轮条款下，第二轮融资后，风险投资基金 A 的转换价格调整为每股 10 元。此时充分稀释后的普通股份数合计为：300 万股（风险投资基金 A）+200 万股（创业者）+300 万股（风险投资基金 B）=800 万股，从而风险投资基金 A 的股权占比为 3/8，即 37.5%。此表明企业的投资后价值为 800

万股×10元/股＝8 000万元，投资前价值为8 000－3 000＝5 000万元。

（3）在广义加权平均条款下，$M=100$万股（风险投资基金A）＋200万股（创业者）＝300万股，$N=300$万股，$CP_1=30$，$P'=10$，则调整后的转换价格CP_2为：

$$CP_2 = \frac{300}{300+300} \times 30 + \frac{300}{300+300} \times 10 = 20$$

从而在第二轮融资后风险投资基金A拥有的充分稀释后股份数为3 000/20＝150（万股），企业充分稀释后普通股数合计为150万股（风险投资基金A）＋200万股（创业者）＋300万股（风险投资基金B）＝650万股，风险投资基金A的股权占比为3/13，即约为23.08％。企业的投资后价值为650万股×10元/股＝6 500万元，投资前价值为6 500－3 000＝3 500万元。

（4）在狭义加权平均条款下，$M=100$万股（风险投资基金A），其他变量数值不变，即$N=300$万股，$CP_1=30$，$P'=10$，则调整后的转换价格CP_2为：

$$CP_2 = \frac{100}{100+300} \times 30 + \frac{300}{100+300} \times 10 = 15$$

从而在第二轮融资后风险投资基金A拥有的充分稀释后股份数为3 000/15＝200（万股），企业充分稀释后普通股数合计为200万股（风险投资基金A）＋200万股（创业者）＋300万股（风险投资基金B）＝700万股，风险投资基金A的股权占比为2/7，即约为28.57％。企业的投资后价值为700万股×10元/股＝7 000万元，投资前价值为7 000－3 000＝4 000万元。

第三节　私募股权投资基金投资估值的实物期权分析法

一、为什么要估值

对于初创企业或处于成长期的企业来说，评估其股权价值较已上市企业困难得多。私募股权投资基金在对众多投资项目进行筛选并有了意向后，接下来的一个关键问题是对所选项目进行价值评估，进而确定其出资额的股权占比。通常的估值方法有市场比较法、折现现金流法和实物期权法。市场比较法和折现现金流法在第二章 IPO 定价中已有论述,这里重点阐述实物期权法。在讲述实物期权法之前,先通过一个案例(案例 5-2)来说明估值在私募股权投资基金确定企业股权占比中的应用。

【案例 5-2】 一位创业者拥有专利技术,一只风险投资基金打算投资。现在该基金需要出资 300 万元。预计投资后第三年可带来效益,估计到时年税后盈余为 400 万元。依据可比公司情况,估计三年末的市盈率应为 10 倍。假定该基金要求的回报率为 40%。

(1) 试确定该风险投资基金和创业人在企业中的各自股权占比。

该企业 3 年后的价值为:$10 \times 400 = 4\,000$(万元);则企业当前价值为:$\frac{4\,000}{1.4^3} = 1\,458$(万元);因此,该基金的股权占比为:$\frac{300}{1\,458} = 20.6\%$;创业者的股权占比:$1 - 20.6\% = 79.4\%$。

(2) 若该风险投资基金的股份设计为可转换优先股,试分析当该公司售出或清算时风险投资基金的所得(Payoff)。

记公司售出或清算时的价值为 W,当 W 不大于 300 万元时,到时基金所得为 W;当 W 介于 300 万元和 1 458 万元之间时,该基金得到 300 万元;当 W 大于 1 458 万元时,该基金所得为 $20.6\%W$。

(3) 在本题中,假设第二年年末还需要风险投资基金投资 300 万元,该基金要求的回报率为 30%,其他信息不变。试确定:

第一,当前创业者和首轮风险投资基金股权占比。

三年后企业价值为:$10 \times 400 = 4\,000$(万元),第二轮风险投资基金享有的价值为 $300(1+0.3) = 390$ 万元,因此其中归属于首轮风险投资基金和创业者的价值为 $4\,000 - 390 = 3\,610$ 万元,从而此种情况下企业的当前价值为:$\frac{3\,610}{1.4^3} = 1\,315.6$ 万元。

当前首轮风险投资基金和创业者的股权占比分别为:

$$\frac{300}{1\,315.6} = 22.8\%$$

$$1 - 22.8\% = 77.2\%$$

第二,第二轮风险投资基金投资后的股权占比以及创业者和首轮风险投资基金股权占比。

第二轮风险投资基金占比为:$\frac{390}{4\,000}=9.75\%$;第二轮风险投资投资后首轮风险投资基金和创业者的联合占比为 $1-9.75=90.25\%$;从而首轮风险投资基金和创业者的股权占比分别为:

$$22.8\%\times 90.25\%=69.67\%$$
$$77.2\%\times 90.25\%=20.58\%$$

二、实物期权分析法

1. 实物期权的含义

实物期权(Real Options)是指那些符合金融期权特性,但不在金融市场上进行交易的投资机会。譬如企业拥有专利技术,何时商业化、是否商业化,企业会依据对产品市场的研判作出决策,主动权在企业手中。企业对于自身拥有的投资机会,会基于不同的市场状况而采取灵活多样的决策——现在投资还是再等等,对正在进行的投资项目是扩张、收缩还是放弃等,这些都是企业拥有的实物期权,能为企业带来更多价值。传统的基于未来预期现金流折现的净现值法(NPV)根据净现值是否为正决定投资项目当下执行或放弃,没有考虑企业在项目决策上的灵活性(Flexibility),忽视了企业自身拥有的实物期权。实物期权分析既是一种价值评估方法,更是一种投资管理理念,要求企业管理人善于识别实物期权、创造实物期权。从这个角度能很好地说明为什么企业要重视研发工作,要舍得在研发上投资,因为研发出来的专利技术可使企业在市场竞争中抢占先机,研发投资就是在创造实物期权。风险投资基金在对高新技术企业投资入股时尤其要考虑采用实物期权分析这一价值评估方法。

实物期权这一概念最早由美国麻省理工学院斯隆管理学院的斯图尔特·迈尔斯(Steward Myers)于 1974 年提出。国际主流教材《公司金融》(以斯蒂芬·罗斯写的该书最为知名)都有大量章节讲述实物期权。实物期权已被推广到诸多应用领域。在美国的企业中,任何一笔资本项目的开支,都要经过实物期权的分析。需要强调的是,实物期权法不是对传统净现值法的否定,而是对其在估值中忽视部分的填补,是有益的补充。

2. 实物期权的特殊性

尽管金融期权的定价方法适用于实物期权定价,但实物期权定价有其自身的困难性。实物期权蕴含于企业投资机会中,不像金融期权,不存在合约条款问题,何为基础资产,执行价格多少,何时到期,属于哪一类期权,这些都需要识别确认,因此才有所谓的实物期权分析。或许读者会问,实物期权估值中有许多主观性,估值难免不太准确。是的,与有明确合约的金融期权相比,实物期权的定价的确依靠主观估测,但这并不能说明实物期权法无效。实物期权分析法的主要意义在于一方面对面临的投资机会,尽量揭示其中隐含的实物期权价值,作出合理决策,避免丧失投资机会;另一方面,要认识到实物期权分析法更是一种管理理念,要求管理者善于创造和利用好实物期权。我们认识到应该赋予企业在管理上的主动性,与资本市场上的证券投资组合管理不同,实体企业是产品和服务的提供者,重视研发,重视科技创新,这样才会拥有更多科技含量高的项目,使企业拥有更多实物期权,从而在市场竞争者能抢占先机,为社会创造更多的财富,为股东带来更多的价值增值。

3. 实物期权类型

在运用实物期权定价模型进行价值评估时,首先要判断企业所具有的实物期权类型,然后再进行具体分析,这样才能更加准确地估测投资价值。目前风险投资基金投资项目所具有的实物期权类型主要有以下六大类:

(1) 等待期权(Option to Wait),又叫推迟期权(Option to Defer),是指企业对拥有的投资机会,不是立即决定执行或放弃,而是根据未来市场变化情况再做决定。如果市场状况尚不明朗,可以选择等待市场时机。其实,等待期权蕴含于每一个投资项目中。当一个投资项目当前的净现值为负或近乎为零但市场又存在较大不确定性,待市场明朗时会有很大的净现值,此时选择等待一段时间再决定是否投资是明智的。等待观望不是犹豫不决,而是择机而动。当市场有利时,适时启动该投资项目;否则,不执行该投资项目。对于那些拥有专有技术或专利且进入壁垒比较高的企业,等待期权的价值很大。从期权属性上看,此类期权属于美式购买期权。

(2) 扩张期权(Option to Expand),是指企业拥有的当市场向好时能以较其他企业更低的支出扩大项目投资规模的权利。扩张期权多为高新技术企业所拥有，尤其当经济繁荣时。此类实物期权也属于美式购买期权。

（3）收缩期权（Option to Contract），是指企业当外部市场环境不利时能快速缩减投资规模或将业务外包出去的能力。在市场充满竞争的今天，企业拥有收缩期权显得尤为重要。收缩期权具有卖出期权的特征，因为随着基础资产价值的减少，该期权价值增加。

（4）放弃期权（Option to Abandon），是指当市场出现不利情形，继续执行项目的所得（即基础资产的现值）低于项目资产出售的价值时，企业可以终止该项目，从而使损失降到最低。事实上，放弃期权存在于每个投资项目中，当一个投资项目的净现值近乎为零并有较大的潜在损失时，放弃期权的价值会更加明显。放弃期权属于美式卖出期权。

（5）转换期权（Option to Switch），是指拥有专利或专有技术的企业，在项目开发过程中，当未来市场发生变化时，企业可以对投入的原料或者生产的产品做出转换的柔性决策。这一柔性策略即是转换期权。譬如一家汽车生产商在考虑采购或研发一条柔性生产线，即无论客户定购的是卡车、越野车还是轿车，均可以在同一条生产线上组装。这条生产下赋予企业基于未来市场的不同变化而采取灵活的对策。这一转换期权就是实物期权，可以视为用一种资产购买另一种资产的购买期权。

（6）障碍期权（Barrier Options），是指企业在决定是否执行期权时，不仅取决于执行价格和基础资产价值，还要看是否达到了预设的"障碍价格"。譬如，当投资一个项目产生的预期资产价值大于执行价格（投资支出）时，企业管理者未必就确定投资该项目，而是当预期资产价值超过预设的障碍价格（高于执行价格）时，才进行投资，这可以视为障碍等待期权。再如，通常在实际中，尽管一个项目继续运营所带来的预期资产价值低于项目的清算价值，但是否放弃该项目还受到其他如管理层心理上对该项目的某种眷恋或关闭项目带来的政治问题等因素的影响，此即"项目黏性"。只有当项目继续运营带来的价值低于某一预设价值（预设价值较项目清算价值低）时才断然放弃该项目。当考虑"项目黏性"时，该项目就不能视为简单的放弃期权，而应按障碍放弃期权估值。障碍期权按期权属性，可能是障碍购买期权，如障碍等待期权；也可能归于障碍卖出期权，如障碍放弃期权。

表 5-1 是金融期权和实物期权在关键变量上的差异。

表 5-1　金融期权和实物期权的关键变量差异比较

关键变量	金融期权	实物期权
基础资产	金融资产	实物资产
基础资产当前价值	金融资产的现价	实物资产现金流的现值
执行价格	期权合约中的约定价格	投资金额
到期期限	有明确的期权合约时间	需要识别期权期限
波动率	金融资产价值对数的年标准差	实物资产价值对数的年标准差

三、实物期权的二叉树定价法

1. 二叉树定价法基本模型

二叉树定价法是由 Cox, Ross 和 Rubinstein(1979)首次提出的,主要基于以下假设:一是金融资产的价格变动服从几何布朗运动(GBM);二是无市场摩擦,即无交易佣金和交易所得税;三是不存在风险套利机会;四是卖空不受限制;五是金融资产的波动率为常数;六是将一定期限划分成 n 个小的时间间隔 Δt,在每一间隔 Δt 内,金融资产价值变化只有两个结果,上涨为 u 倍或下跌为 d 倍,其中 $d = u^{-1}$。记当前股票的价格为 S_0,则 n 步二叉树下股票价值的变动轨迹如图 5-5 所示:

记上述二叉树中节点 (i, j) 的股价为 S_{ij},则有 $S_{ij} = S_0 u^j d^{i-j}, j = 0, 1, 2, \cdots, i; i = 1, 2, \cdots, n$。其中上升因子 $u = e^{\sigma\sqrt{\Delta t}}$,下降因子 $d = e^{-\sigma\sqrt{\Delta t}}$,$p$ 为风险中性概率,有 $p = \dfrac{e^{r\Delta t} - d}{u - d}$。

二叉树定价法的计算采用倒推法(Backward Induction),即先确定最后到期日的期权价值,然后一步步往前计算,直至算出当前期权价值。

(1) 假设是购买期权,期权的执行价格为 X,期权到期时,各节点的期权价值 $C_{n,j}$ 为:

$$C_{n,j} = \max(S_0 u^j d^{n-j} - X, 0), j = 0, 1, \cdots, n \qquad (5.6)$$

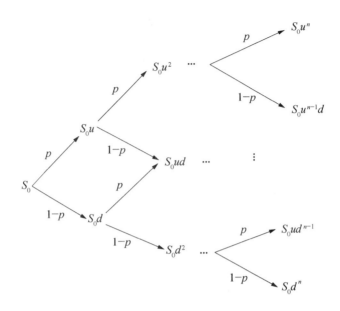

图 5-5 n 步二叉树下股票的价格轨迹图

然后推算上一步各节点的期权价值,以此类推。对欧式买权,节点 $(i,j)(i=0,\cdots,n-1, j=0,\cdots,i)$ 处的期权价值为:

$$C_{i,j} = [p \cdot C_{i+1,j+1} + (1-p)C_{i+1,j}]e^{-r\Delta t} \quad (5.7)$$

其中 r 为年连续无风险利率,Δt 为步长(年)。

对于美式买权,节点 $(i,j)(i=0,\cdots,n-1, j=0,\cdots,i)$ 处的期权价值为:

$$C_{i,j} = \max\{[p \cdot C_{i+1,j+1} + (1-p)C_{i+1,j}]e^{-r\Delta t}, S_0 u^j d^{i-j} - X\} \quad (5.8)$$

即取在此节点继续持有期权和执行期权两者价值较大者。

(2) 假设是卖出期权,期权的执行价格为 X,期权到期时,各节点的期权价值 $P_{n,j}$ 为:

$$P_{n,j} = \max(X - S_0 u^j d^{n-j}, 0), \quad j = 0, 1, \cdots, n \quad (5.9)$$

然后推算上一步各节点的期权价值,以此类推。对欧式卖权,节点 $(i,j)(i=0,\cdots,n-1, j=0,\cdots,i)$ 处的期权价值为:

$$P_{i,j} = [p \cdot P_{i+1,j+1} + (1-p)P_{i+1,j}]e^{-r\Delta t} \quad (5.10)$$

其中 r 为年连续无风险利率,Δt 为步长(年)。

对于美式卖权,节点 $(i, j)(i = 0, \cdots, n-1, j = 0, \cdots, i)$ 处的期权价值为:

$$P_{i,j} = \max\{[p \cdot P_{i+1,j+1} + (1-p)P_{i+1,j}]e^{-r\Delta t}, X - S_0 u^j d^{i-j}\} \quad (5.11)$$

即取在此节点继续持有期权和执行期权两者价值较大者。

实物期权分析法首先要解决的是基础资产的确定。要记住关键的一点,即对购买期权,执行该期权得到的资产即是基础资产;对卖出期权,执行期权失去的资产即是基础资产。以下分析几个案例:

【案例5-3】 假如一家大型旅游公司正在考虑购买一家宾馆。基于贴现现金流原则,该宾馆对自身进行了估价。用现金流量折现模型所估计的价值为9 500万元。然而该宾馆的经营将面临一个非常不确定的市场。如果条件有利的话,该宾馆所拥有的一些具有潜在价值的设施可供将来开发利用。必要的工作将是从现在起的3年后,开发成本将达到大约11 000万元。根据期望现金流,流入的现值(贴现到第3年年末)将只有10 000万元。由此该大型旅游公司认为该投资是不值得的。然而,由于市场的不确定性,所规划的项目的现金流的标准差是很高的,每年大约是60%。因此,该宾馆遇到一个增长的市场也是极有可能的。另外,假如资本成本为20%,无风险利率(假设是基于连续复利)是10%,又假设任何决策都将是在从现在起3年后才做出。

分析:根据 Black-Scholes 定价模型,其输入变量有:

X:期权的执行价格是11 000万元;

S_0:基础资产当前价值,将第3年年末的现金流现值10 000万元按20%的贴现率计算贴现的现值,即 $\dfrac{10\ 000}{(1+20\%)^3}$,为5 787万元;

r:连续复利的年无风险利率是10%;

T:期权的到期时间3年;

σ:3年后项目现金流现值的对数的标准差是60%。

根据 Black-Scholes 期权定价模型:

$$C_0 = S_0 N(d_1) - Xe^{-rT} N(d_2)$$

式中,$N(d_i)$ 为标准正态分布随机变量不大于 d_i 的累计概率,$i = 1, 2$。

$$d_1 = \frac{\ln\frac{S_0}{X} + \left(r + \frac{\sigma^2}{2}\right)T}{\sigma\sqrt{T}}$$

$$d_2 = d_1 - \sigma\sqrt{T}$$

我们会发现该大型旅游公司购买这一宾馆的话,可以得到一个价值约为1 715.8万元的期权。把这个期权价值加到现存业务现金流价值中,可以得到该宾馆的价值为 11 215.8 万元。基于此,该宾馆在定价时可以更合理地确定自身价值。

【案例 5-4】 一家美国风险投资公司正在考虑投资一个亚洲国家的项目。由于项目未来所得和汇率造成的不确定性,该公司希望把此视为在接下来 5 年内投资而非立即投资的一个期权。该公司现在要评估这一等待期权的价值。按照合适的折现率对该项目预期现金流折现得出现值为 100 万美元。项目未来价值的对数的年波动率为 35%,在期权的 5 年期限内的连续年无风险利率为 5%。该项目所需的投资支出估计为 130 万美元。

分析:这是一个美式购买期权,这里用五步二叉树来估值。这里讲清楚计算方法及原理,实际中可以分为更多步数,用 Python 编程会很方便地处理计算问题。

(1) 确定输入参数:基础资产现值 $S_0 = 100$ 万美元,执行价格 $X = 130$ 万美元,项目现金流的波动率 $\sigma = 35\%$,年无风险利率(连续复利)$r = 5\%$,步长 $\Delta t = 1$ 年。

(2) 计算期权参数:这里将二叉树的步长设定为一年,共分五步,$\Delta t = 1$,因此上升因子 $u = e^{\sigma\sqrt{\Delta t}} = e^{0.35 \cdot \sqrt{1}} = 1.419$,下降因子 $d = \frac{1}{u} = 0.705$,风险中性概率 $p = \frac{e^{r \cdot \Delta t} - d}{u - d} = 0.485$。

(3) 建立二叉树,计算各节点的基础资产价值。节点 (i, j) 的基础资产价值记为 S_{ij},有 $S_{ij} = S_0 u^j d^{i-j}$,$j = 0, 1, 2, \cdots, i$;$i = 1, 2, \cdots, 5$。例如,节点 (3, 2) 处基础资产价值为:$S_0 u^2 d^{3-2} = 100 \cdot 1.419^2 \cdot 0.705 = 142$(万元)。

(4) 采用倒推法计算各节点处期权的价值。先从期权到期日算起。在二叉树末端的各节点,购买期权是否执行(即是否启动投资该项目),取决于基础资产价值是否大于执行价格 130 万美元。若节点处的基础资产价值大于 130 万美元,则执行期权,期权价值为基础资产价值减去 130 万美元;否则,放弃执行，期权价值为零。譬如，基础资产价值为 S_0u^5 的节点处，由于基础资产价值为 575 万美元，大于执行价格 130 万美元，因此执行期权，期权价值为 575－130＝445 万美元。基础资产价值为 $S_0u^2d^3$ 节点处，基础资产价值仅 70 万美元，小于执行价格 130 万美元，放弃执行，此时期权价值为 0。再譬如，基础资产价值为 S_0u^4d 节点处，基础资产价值为 142 万美元，因此要执行期权，期权价值为 142－130＝12 万美元。

然后后向计算上一步末端各节点的期权价值。由于是美式期权，在各节点处，比较期权执行价值（即基础资产价值减去执行价格）和继续持有期权的价值，取两者较大者。譬如基础资产价值为 S_0u^4 节点处，基础资产价值 406 万美元，期权执行价值为 406－130＝276 万美元，继续持有期权的价值为：$e^{-0.05}[0.485\times 445+(1-0.485)\times 156]=282$ 万美元。因此，此节点处的期权价值为 282 万美元。以此类推，直至算至二叉树的起点，得出目前的期权价值为 29 万美元（图 5-6）。

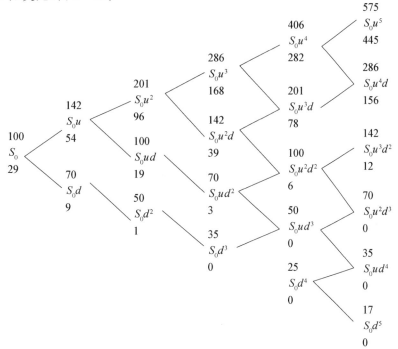

图 5-6　实物期权的二叉树定价

注：各节点的上面数字为基础资产的价值，下面的数字为期权价值，单位为万美元。

【案例 5-5】 接上述案例 5-4,由于此为该公司在亚洲的首个投资项目,鉴于汇率的不确定性,公司决定只有当项目价值超过障碍值 150 万美元时才会执行该项目。试确定这一障碍期权的价值。

分析:此项目是一个障碍美式购买期权,在每一个节点处,基础资产价值仅仅大于执行价格尚不足以执行,还必须大于障碍值。

(1) 确定输入参数:基础资产现值 $S_0=100$ 万美元,执行价格 $X=130$ 万美元,障碍值 $B=150$ 万美元,项目现金流的波动率 $\sigma=35\%$,连续复利年无风险利率 $r=5\%$,步长 $\Delta t=1$ 年。

(2) 计算期权参数:上升因子 $u=e^{\sigma\sqrt{\Delta t}}=e^{0.35\sqrt{1}}=1.419$,下降因子 $d=\dfrac{1}{u}=0.705$,风险中性概率 $p=\dfrac{e^{r\cdot\Delta t}-d}{u-d}=0.485$。

(3) 建立二叉树,计算各节点的基础资产价值。各节点基础资产价值的计算同案例 5-5。

(4) 采用倒推法计算各节点处期权的价值。

先从期权到期日算起。在二叉树末端的各节点,购买期权是否执行(即是否启动投资该项目),不但取决于基础资产价值是否大于执行价格 130 万美元,还取决于是否大于障碍值 150 万美元。若基础资产价值大于障碍值,则此时期权价值为基础资产价值减去执行价值;否则为零。譬如,在基础资产价值为 S_0u^5 的节点处,由于基础资产价值为 575 万美元,不但大于执行价格 130 万美元,还大于障碍值 150 万美元,故执行该期权,期权价值为 $575-130=445$ 万美元。在基础资产价值为 $S_0u^3d^2$ 的节点处,尽管项目价值为 142 万美元,大于执行价值 130 万美元,但小于障碍值 150 万美元,仍不执行该期权,此时期权价值为零。

然后后向计算上一步末端各节点的期权价值。由于是美式期权,在各节点处,若满足期权执行的条件(即基础资产价值大于障碍价值),期权价值取执行价值和此时继续持有期权的价值两者较大者;若不满足期权执行条件,此处期权价值为继续持有期权的价值。譬如,在基础资产价值为 S_0u^3d 的节点处,基础资产价值为 201 万美元,符合执行条件,执行价值为 $201-130=71$ 万美元,此时不执行期权而是继续持有期权的价值为:$e^{-0.05}[0.485\times 156+(1-0.485)\times 0]=72$(万美元)。因此,在此节点的期权价值为 72 万美元。以此类推，直至算至二叉树的起点，得出目前的期权价值为 27 万美元（图 5-7）。

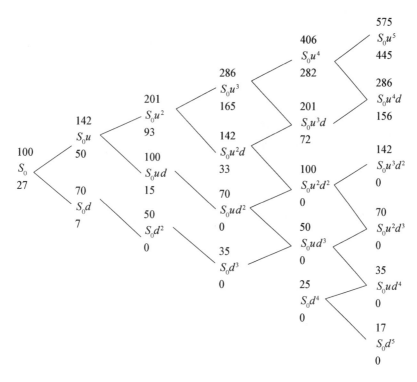

图 5-7 障碍实物期权的二叉树定价

注：各节点的上面数字为基础资产的价值，下面的数字为期权价值，单位为万美元。

【**案例 5-6**】 DEF 公司拟投产一个新产品，预计投资需要 1 000 万元，每年现金流量的期望值为 105 万元（税后、可持续），项目的资本成本为 10%，无风险利率为 5%。假设 1 年后可以判断出市场对产品的需求，如果新产品受顾客欢迎，预计每年的现金流量为 131.25 万元；如果不受欢迎，预计每年的现金流量为 84 万元。

分析：由于该项目可以延迟 1 年，根据到时的市场状况决定是否投产，因此该项目赋予企业到期期限为 1 年的一项购买期权，该公司现在通过比较立即执行和继续持有这一期权的价值孰大，做出立即投资还是等待的决策。又由于期权期限内启动投资每年可带来现金流量，因此这是基础资产分红的一类期权，在计算上升因子和下降因子时要考虑这一因素。考虑到本案例的实际情况，一年后市场情况明晰，这里取步长 1 年，用简单的一步二叉树对此进行价值评估,进而做出投资决策。由每年现金流量的期望值 105 万元和项目的资本成本 10% 可以得到基础资产当前价值 $S_0 = \frac{105}{0.1} = 1\,050$ 万元,投资需要 1 000 万元,因此立即执行该期权,即立即投资该项目的期权价值为 $1\,050 - 1\,000 = 50$ 万元。按照传统的净现值法,NPV=50 万元,应立即投资该项目。但传统的净现值法忽视了项目的期权属性,该项目推迟一年市场情况才会明朗起来,到时可做出相应的决策。因此接下来采用二叉树法计算把这一项目作为期权来评估其价值,进而做出是立即执行还是等待的决策。

(1) 确定输入变量。基础资产当前价值 $S_0 = 1\,050$ 万元;预计投资需要 1 000 万元,此即期权的执行价格 $X = 1\,000$ 万元;期权期限为 1 年,取步长为 1 年,即 $\Delta t = 1$ 年;无风险利率(年复利一次)$r = 5\%$。

(2) 确定期权参数。上升因子 $u = \frac{C_{11} + S_{11}}{S_0}$,其中 S_{11} 和 C_{11} 分别代表 1 年后新产品受顾客欢迎时的项目价值和第 1 年的现金流,有 $S_{11} = \frac{131.25}{0.1} = 1\,312.5$ 万元,$C_{11} = 131.25$ 万元,从而 $u = \frac{131.25 + 1\,312.5}{1\,050} = 1.375$;下降因子 $d = \frac{C_{10} + S_{10}}{S_0}$,其中 S_{10} 和 C_{10} 分别代表 1 年后新产品不受顾客欢迎时的项目价值和第 1 年的现金流,有 $S_{10} = \frac{84}{0.1} = 840$ 万元,$C_{10} = 84$ 万元,从而 $d = \frac{840 + 84}{1\,050} = 0.88$;风险中性概率 $p = \frac{(1+r)\Delta t - d}{u - d}$,其中 $r = 5\%$ 为年复利 1 次的无风险利率,则 $p = \frac{1.05 - 0.88}{1.375 - 0.88} = 0.343\,4$。

(3) 构建二叉树,确定各节点期权价值。采用倒推法计算各节点期权价值。从末端节点算起,在基础资产价值为 $S_{11} = 1\,312.5$ 万元的节点处,资产价值大于执行价格 1 000 万元,因此执行期权,期权价值为 $1\,312.5 - 1\,000 = 312.5$ 万元;在基础资产价值为 $S_{10} = 840$ 万元的节点处,资产价值小于执行价格 1 000 万元,故放弃执行,期权价值为零。然后确定上面节点即起始处的期权价值。在起始节点,此时基础资产价值为 1 050 万元,可以选择立即投资项目,净现值为 $1\,050 - 1\,000 = 50$ 万元,此即立即执行期权的价值;还

可以选择推迟投资,继续持有这一期权,其价值为:
$$\frac{312.5 \times 0.3434 + 0 \times (1-0.3434)}{1.05} = 102.2 万元(图$$
5-8)。 显然继续持有期权的价值较大,此为当前的期权价值。由此表明,企业应该推迟投资一年,等市场状况明朗后再做投资决策。

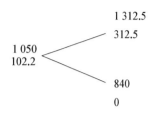

图 5-8 考虑基础资产分红的实物期权的二叉树定价

注:各节点上面数字为基础资产的价值,下面的数字为期权价值,单位为万元。

除了上述简单实物期权外,还有高级的实物期权,如复合期权和雨虹期权等。复合期权(Compound Options)是指执行一个期权将产生另一个期权,从而该期权的价值取决于另一个期权的价值。比如,一个资本投资项目可分为多个阶段,包括审批并获得许可,工程设计和建设实施,每一阶段末都可能终止或开启下一个阶段,取决于市场状况。雨虹期权(Rainbow Options)是指考虑多个不确定性的期权。在实物期权定价时,一个关键变量是基础资产的波动率。通常情况下是把影响基础资产价值不确定的各种因素综合考虑,估计出相应的波动率。例如,一个产品开发项目作为实物期权定价时,项目现金流的波动率估测值综合体现了产品单价、销量以及单位变动成本等方面的不确定性,是这些变量的函数。但有些情况下,一些不确定性对基础资产的波动性贡献较大,影响到管理层的具体决策,对这些不确定性在实物期权定价时就要单独考虑。举个例子,一家石油公司拥有某个未开采油田的租赁权,该公司将面临两个不确定性:油价和石油储量。由于这两个不确定性都会影响到期间是否开采该油田,因此对这一实物期权估值时要单独考虑这两个不确定性。高级实物期权的定价相对复杂,超出了本书要探讨的范围,这里不再述及。

下面看一个全才私募股权投资基金的投资定位、项目筛选以及投资条款的设计。

【案例 5-7】 帕拉蒙资本对蒂姆系统公司的投资案例

"我们通过投资于变化来赚钱。"作为英国一家私募股本企业——帕拉蒙资本(Palamon Capital Partners)的执行合伙人,埃尔森正专心考虑对意大利一家软件企业蒂姆系统公司(TeamSystem S.p.A.)的投资事宜。蒂姆系统公司在快速变化的市场中拥有的增长机会使帕拉蒙资本公司颇感兴趣。目前,帕拉蒙资本面临着如下投资机会：支付2 590万欧元可取得蒂姆系统公司51%的股份。

埃尔森准备向同事拟就一份推荐书，其中包括：评估蒂姆系统公司的战略、对该公司估价、明确主要风险、论证所提投资条件的合理性以及对可选择退出策略的考虑。

一、路易斯·埃尔森和他的帕拉蒙资本

路易斯·埃尔森于1990年加入华平私募股权投资公司，开始涉足这一领域。在加入这个公司后不久，他开始专注于欧洲市场交易，并于1992年决定以后将投资地点仅限于欧洲。1995年埃尔森成为华平公司的合伙人，同时也是管理团队的核心成员，该团队为公司建立了一个13亿美元的股权投资组合，包括分布于欧洲七个不同的国家的40个投资项目。

在1998年底，埃尔森和他的另一合伙人迈克尔·霍夫曼，在欧洲私募股本行业发现了一个独特的投资机会。他们认为，欧洲的经济格局正在朝向一个有利于较小的中端市场公司的方向转变。因此，埃尔森和霍夫曼招募了另外两个合伙人，这为帕拉蒙资本的设立奠定了基础。

1999年8月，埃尔森和霍夫曼发起了一个4.4亿欧元的基金。尽管当时受到宏观经济的影响，例如俄罗斯债务违约，凭借独特的泛欧洲私募股本投资经历，他们还是完成了基金的募集工作。到基金成立时，埃尔森和霍夫曼将帕拉蒙资本的管理团队成员增加到九位。

他们聘请的管理团队成员都是在私募股权投资、投资银行、公司金融、管理咨询等方面有经验的人。与埃尔森和霍夫曼的最初的愿景一致，帕拉蒙资本的团队用他们丰富的经验建立了一个投资项目组合，该组合给其投资者提供一个独特的风险水平和可观的长期回报。

从本质上讲，帕拉蒙资本是一个全才私募股权基金（Generalist Private Equity Fund），它的投资者包括美国大型公共部门的养老基金、企业养老基金、主要金融机构和大型捐赠基金。这些投资群体感兴趣的风险水平小于风险资本，但高于杠杆收购基金。

与其他全才私募股权基金一样，帕拉蒙资本的投资策略是为想要成为公众公司的小型私人企业提供一个"桥梁"。与许多私募基金不同，帕拉蒙资本并不局限于某个特定的欧洲国家，也没有将其投资范围限定于某个行业。相反,帕拉蒙资本广泛地关注于中小型的欧洲公司,对这些公司投资1 000万欧元到5 000万欧元即可取得控股权。

对帕拉蒙资本所投资的企业而言,要实现从小型私人企业到公众公司的转变,资金的提供和管理能力的提升两方面缺一不可。为此,帕拉蒙资本对选中的企业,总是提供资金和咨询服务并重,从而增加了这些企业成功上市的概率。埃尔森对这一投资策略是乐观的。

二、投资过程六步曲

第一步,帕拉蒙资本要确定投资方向。它通常会关注由取消管制、贸易自由化、新技术以及人口结构变化将带来重大变化的市场。

第二步,帕拉蒙资本要在选定的市场中寻找有吸引力的投资机会。其间要倾听投资银行意见、利用行业资源以及采用个人接触方式等。寻找投资机会是费时的,只有1%的投资机会能进入下一步骤。

第三步,尽职调查。这一阶段包括对备选对象的行业历史、业绩以及竞争优势的详尽调查。通常情况下,只有一家公司能通过最终的筛选,成为帕拉蒙资本的投资项目。

第四步,确定投资条款。帕拉蒙资本十分注重投资条款的设计,从而增加投资成功的可能性。条款既要考虑到对运营管理人的激励机制以实现既定目标,同时又要包括向投资者提供与经营目标相一致的现金回报规划。交易谈判涉及许多问题,包括价格、管理才能和董事会构成。

第五步,参与管理。一旦达成交易,帕拉蒙资本就向投资企业提供管理支持,提升企业价值。

第六步,选择退出。帕拉蒙资本寻找最佳退出方案,这将有助于实现基金的投资回报。典型的退出策略包括通过首次公开发行股票出售股权以及将股权卖给一个战略性买家。

三、蒂姆系统公司

2000年2月,经过筛选比较,帕拉蒙资本选中了蒂姆系统公司作为投资对象。事实上,早在1999年,帕拉蒙资本还在募集中,埃尔森就判定意大利的薪酬服务行业存在好的投资机会,因为该行业极度分散且政策多变。意大利政府曾在一年内调整政策达四次之多。

起初在一个小型投资银行和行业人脉的帮助下,帕拉蒙资本接触了该行业中的两家领先企业。虽然这两家企业均不适合投资,但它们都表示蒂姆系统公司是值得尊敬的竞争对手。于是帕拉蒙资本就直接与蒂姆系统公司接洽,发现该公司果然不错。通过对其尽职调查,1999年年末,埃尔森头脑中有了具体的投资方案。这就有了开篇提到的一幕。

蒂姆系统公司成立于1979年,总部位于意大利佩萨罗。自从成立以来,该公司向意大利的中小型企业提供会计、税务、薪酬管理软件服务,已经成为领先的服务供应商之一。在共同创办人和首席执行官乔万尼·阮诺奇的领导下,蒂姆系统公司已建立了28 000家企业的客户群,占据了意大利市场14%的份额。

蒂姆系统公司为客户提供一个令人瞩目的价值主张。该公司的软件对企业的财务信息进行整合、使复杂的行政管理职能自动化。该软件还可以使中小型企业和他们的财务顾问及时适应不断变化的监管环境。为此,蒂姆系统公司不断地投资用于开发,以使其软件保持更新。客户可以获得产品升级,公司以此获得每年的维护费用(除了软件的初始购买价格)。蒂姆系统公司的客户服务做得十分出色,因此拥有忠诚的顾客群。每年近95%的客户续签了他们的维护合同。

1999年,蒂姆系统公司的销售收入为605亿里拉(合3 130万欧元),息税前盈余为185亿里拉(950万欧元)。事实上,过去几年该公司一直保持强劲的增长势头。自1996年以来,销售额以15%的年增长率增长,经营利润率也得到了改善,息税前盈余同比年增长率达31.6%。

埃尔森仔细审阅了蒂姆系统公司近几年的财务报表,他发现该公司的负债并不多,这表明公司存在通过改善资本结构从而降低其资本成本的机会。埃尔森还注意到该公司为非公众公司,并无经审计的前五年合并财务报表信息。

四、交易条款

在审核蒂姆系统公司过去的业绩和行业状况后,埃尔森把注意力回到对该公司投资的具体细节。最近的交易方案是帕拉蒙资本出资2 590万欧元,以获取该公司51%的股权,同时还包括增加该公司的负债,进行资本重组等。具体为:

(1) 帕拉蒙资本将502.35亿里拉(合2 590万欧元)投资于蒂姆系统公司

的普通股。这些股份将从该公司现有股东中收购。乔万尼·阮诺奇将保留20%的股份,非核心员工的股份持有将从原来的3%~8%稀释为每人1%。

(2)在帕拉蒙资本投资之前,蒂姆系统公司将285亿里拉的现金中的150亿里拉分两次以支付红利的方式分给现有股票持有人:其中2000年4月,现股票持有者获得85亿里拉,另外的65亿里拉将在此次交易结束时时支付。经红利支付后,该公司仍会有135亿里拉的现金余额。

(3)在帕拉蒙资本的帮助下,蒂姆系统公司将向德意志银行借款460亿里拉,期限为7年,3年后开始分次还本,利率较基准利率(意大利政府债券)高1.0%。这一贷款额于此次交易结束时,作为特别红利支付给现有股东。

(4)蒂姆系统公司将多余不动产出售掉,将资金投资于企业的核心业务。一部分现有股东于此次交易接近结束时,出资21亿里拉将这些不动产按实物资产的账面价值买下。

本章思考题

1. 一位研发人员拥有一项专利技术,正在与某风险投资基金洽谈投资事宜。已知现在需要该基金出资2 000万元。预计第1年年末可带来的股权自由现金流为2 000万元,以后每年年末的股权自由现金流按5%增长。考虑到该投资项目的风险性,相应的年必要回报率为25%,按每年复利一次计。

(1)试计算该基金和该研发人员分别在此企业中的股权占比;

(2)如果该风险投资基金持有的是可转换优先股,假定2年后企业售出,记到时企业股权价值W_2,试分析该基金的所得情况。

2. 实物期权与金融期权的主要差异有哪些?

3. 进行实物期权分析法的步骤有哪些?

4. 为何说风险投资基金在我国健康发展意义重大?

第六章

投资银行的自营业务和资产管理业务

大型投资银行通常有专门从事自营业务（Proprietary Trading）的部门。投资银行还常常作为典型机构投资者公募基金和对冲基金的发起人，发起设立并进行基金的管理，这类业务属于资产管理业务（简称资管业务）。无论是投资银行的自营业务还是资管业务，共同之处都是将资金配置于资本市场，利用合理的投资决策，尽可能获取理想的回报；不同之处在于自营业务要投资银行利用自己的账户进行投资，自负盈亏，而资管业务是受人之托，代人理财，投资银行作为管理人，收取资产管理费，不承担相应的投资风险。由于这两类业务依据同样的现代投资组合理论和管理策略，因此放在同一章来阐述。嵌入期权债券是当今企业债券的常见形式，而利率二叉树模型常用来对其定价，因此本章也用一定篇幅来讲述这一问题。

第一节 债券投资相关理论与投资策略

债券是主要的交易品种，国际上大的投资银行均设有专门的交易部门。公募基金和私募基金中有不少是债券类基金，还有相当多的是混合基金，它们必然涉及对债券资产的投资与管理。以 2021 年为例，美国债券市场规模为其 GDP 的 2.24 倍，中国债券市场规模仅为其 GDP 的 1.14 倍。随着我国企业和政府部门融资方式转向直接融资，中国的债市将获得空前发展。由于债券的定价和风险特征有别于股票,因此这里专门进行阐释。

一、债券投资的四个核心概念

关于债券,有四个核心概念:即期利率、到期收益率、久期和凸性。

1. 即期利率(Spot Rate)

即期利率是指这样一笔投资所对应的利率水平,即期间没有任何回报,所有的回报发生在期末。由于零息票债券就是此类投资,因此即期利率又叫零息票利率(Zero-coupon Rate)。

附息债券可视为一系列零息票债券的组合。考虑如下普通附息债券,第 t_i 年末支付的利息为 C_i,于 t_n 年到期支付的面值为 F,记 t_i 年期即期利率为 r_i(年利率),则该债券当前理论价值为:

$$V_0 = \sum_{i=1}^{n} \frac{C_i}{(1+r_i/m)^{mt_i}} + \frac{F}{(1+r_n/m)^{mt_n}} \quad (6.1)$$

式中,m 为即期利率的年复利次数。通常将公式中的即期利率年复利次数与票面利息年支付次数保持一致。债券的票面利息多为年支付一次或半年支付一次,因此 m 通常取 1 或 2。

通常所说的收益率曲线是指基于不同期限的国债交易价格得出的各期即期利率,这一无风险的收益率曲线不适合公司债券的定价。需要根据公司信用状况确定适合公司债券定价的"风险"收益率曲线,即在各期无风险即期利率上加上同一基点。具体公式表示如下:

$$V_0 = \sum_{i=1}^{n} \frac{C_i}{[1+(r_i+r_{ss})/m]^{mt_i}} + \frac{F}{[1+(r_n+r_{ss})/m]^{mt_n}} \quad (6.2)$$

式中,r_{ss} 被称为静态利差(Static Spread),也称为零波动率利差(Zero-volatility Spread)。该定价公式没有考虑未来短期利率的波动情况,因此只适合企业普通债券的定价。对于含权债券,由于未来利率变动将影响到期权的执行,进而改变未来现金流的状况,要用到基于利率二叉树的期权调整利差法,下文将阐述。

2. 到期收益率(Yield to Maturity)

到期收益率是指让债券未来各期现金流的现值之和等于债券当前市价的

单一折现率。仍考虑上述普通债券,假如该债券当前价格为 P_0,则有:

$$P_0 = \sum_{i=1}^{n} \frac{C_i}{(1+y/m)^{mt_i}} + \frac{F}{(1+y/m)^{mt_n}} \tag{6.3}$$

式中,m 为到期收益率的年复利次数。通常将公式中的到期收益率 y 年复利次数与票面利息年支付次数保持一致。

3. 久期(Duration)

久期是债券价格对利率变化敏感性的近似衡量,即收益率变动 1% 引起的债券价格变动百分比的估计值。久期指标常用的有麦考利久期和有效久期。

(1) 麦考利久期(Macaulay Duration)。麦考利久期为债券的各期利息支付时间和到期时间的加权平均,其中各权重为相应现金流按到期收益率折现的现值占债券价格的比重。用公式表示为:

$$D = \sum_{i=1}^{n} t_i \times w_{t_i} \tag{6.4}$$

式中,t_i 为第 i 次现金流发生的时间(年),权重 $w_{t_i} = \dfrac{\frac{CF_i}{(1+y/m)^{mt_i}}}{P_0}$,$y$ 为债券的到期收益率,m 为到期收益率的复利次数。由于现实中债券票面利息通常一年支付一次或半年支付一次,而实务中到期收益率的复利频次与此一致,因此 m 通常取值 1 或 2。

对普通债券(Straight Bond)来说,用麦考利久期可以较好地反映其价格对利率变化的敏感性。利用久期可以对债券的利率风险进行管理。当收益率曲线近似平移且变动幅度不大时,即各期限的即期利率大致上升或下降相同基点时,对麦考利久期 D,有如下近似关系:

$$\frac{\Delta P}{P} \approx - \frac{D}{1+y/m} \times \Delta y = -D^* \times \Delta y$$

式中,y 为当前的到期收益率,m 为年复利次数,Δy 为利率变化量,$D^* = \dfrac{D}{1+y/m}$ 又被称为修正久期(Modified Duration)。

(2) 有效久期(Effective Duration)。对于嵌入期权债券的价格波动有其特殊性,譬如含赎回期权的债券和含回售条款的债券,市场利率变化不仅影响折现率,还会影响到现金流的变化,因此只能用有效久期来度量,其中公式中的含权债券价值通过相关估值模型得出。有效久期的计算公式为:

$$D_{effective} = \frac{V_- - V_+}{2 \times V_0 \times \Delta y} \tag{6.5}$$

式中,V_0 为债券的当前价值,Δy 为市场利率变化量的绝对值,V_- 和 V_+ 分别为市场利率下降 Δy 和上升 Δy 后债券的价值。

有效久期不但适用于含权债券,也适用于普通债券。可以证明,对普通债券,有效久期与麦考利久期有如下关系:

$$D_{effective} = \frac{D}{(1+y/m)} = D^* \tag{6.6}$$

用有效久期来度量债券的利率风险,有如下近似关系式:

$$\frac{\Delta P}{P} \approx - D_{effective} \times \Delta y \tag{6.7}$$

另外,债券组合的久期等于各债券久期的加权平均,权重为投资比例。

4. 凸性(Convexity)

市场利率对债券价格的影响是非对称的,具体说来,对同样幅度的利率变化,利率下降带来的债券价格上升幅度要大于利率上升带来的债券价格下降幅度,此即债券的凸性。凸性衡量的是收益率-价格曲线弯曲的程度。普通债券都有正的凸性。凸性会给投资者带来额外的收益,投资者自然喜欢凸性大的债券,因此这类债券的价格相对要高些。一般说来,一只债券的凸性会随着其到期收益率的增加而降低。

债券的凸性公式为:

$$C = \frac{V_+ + V_- - 2V_0}{2V_0(\Delta y)^2} \tag{6.8}$$

式中各符号含义同上。利用凸性,可得债券价格变化百分比的凸性调整值为:

$$C \times (\Delta y)^2 \tag{6.9}$$

二、嵌入期权债券的估值

1. 利率二叉树模型

可赎回和可售出债券的定价,可采用利率二叉树法。利率二叉树模型中具有代表性的是 Black-Derman-Toy 模型,该模型是由高盛公司固定收益部门和风险控制部门的三位合伙人 Fisher Black、Emanuel Derman 和 William Toy 于 1990 年共同完成的。

模型的基本假设是:

(1) 下一期的利率波动只有两种可能的情况:上升或下降,且概率相等;

(2) 利率水平的分布为对数正态分布;

(3) 利率的波动率保持不变。

根据当前的利率水平和利率波动率可以画出利率变化的二叉树,各节点的利率是对应期限 Δt 的即期利率。

根据对数正态分布假设,两种可能的变化值与波动率之间符合一定的关系:

$$r_H = e^{2\sigma\sqrt{\Delta t}} r_L \tag{6.10}$$

式中,r_H、r_L 分别为两种可能利率水平中较大的一个和较小的一个,σ 为年波动率。

下面通过一个案例来说明利率二叉树的构建过程。

【案例 6-1】 已知三只基准平价债券,到期期限分别为 1 年、2 年和 3 年,票面利率分别为 2.5%、3% 和 3.5%,利息每年支付一次。由此可以确定:即期利率 r_1、r_2 和 r_3 以及远期利率 $f(1,2)$ 和 $f(2,3)$(表 6-1)。

表 6-1 即期利率和远期利率的确定

到期期限/年	即期利率/%	远期利率/%
1	2.500	
2	3.008	3.518
3	3.524	4.564

进而可得面值均为100元,1年期、2年期和3年期的零息票基准债的当前价值分别为:

$$P_0^1 = 97.651, P_0^2 = 94.245 \text{ 和 } P_0^3 = 90.136$$

假设利率年波动率 σ 为10%,取步长 $\Delta t = 1$ 年。

(1) 先确定第2年的两个可能的利率(图6-1)。

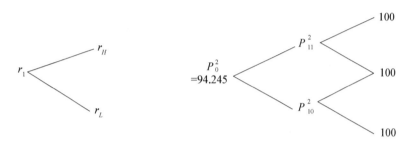

图6-1 一步利率二叉树　　图6-2 2年期零息债价格轨迹

考虑2年期零息债的定价。记该债券一年后的两种价格分别为 P_{11}^2 和 P_{10}^2。如图6-2所示。

根据利率二叉树模型假设,有 $r_H = e^{2\sigma\sqrt{\Delta t}} r_L$,其中 $\Delta t = 1$,则 $P_{10}^2 = 100e^{-r_L}$,$P_{11}^2 = 100e^{-r_H} = 100e^{-e^{0.2}r_L}$。

又由于 $P_0^2 = e^{-r_1} \times 0.5(P_{10}^2 + P_{11}^2)$,有 $94.245 = e^{-0.025} \times 0.5(100e^{-r_L} + 100e^{-e^{0.2}r_L})$。

通过Excel单变量方程求解或试错法,得 $r_L = 3.1681\%$,进而知 $r_H = 3.8695\%$。

(2) 确定第3年的利率水平(图6-3)。

根据利率二叉树模型假设,有 $r_{HL} = e^{2\sigma\sqrt{\Delta t}} r_{LL}$,$r_{HH} = e^{2\sigma\sqrt{\Delta t}} r_{HL} = e^{4\sigma\sqrt{\Delta t}} r_{LL}$,下面考虑3年期零息票债券的定价(图6-4)。

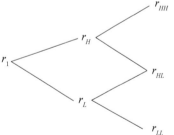

图6-3 两步利率二叉树

显然,$P_{20}^3 = 100e^{-r_{LL}}$,$P_{21}^3 = 100e^{-r_{HL}} = 100e^{-e^{0.2}r_{LL}}$,$P_{22}^3 = 100e^{-r_{HH}} = 100e^{-e^{0.4}r_{LL}}$,$P_{10}^3 = e^{-r_L} \times 0.5(P_{20}^3 + P_{21}^3)$,$P_{11}^3 = e^{-r_H \times 0.5}(P_{21}^3 + P_{22}^3)$,$P_0^3 = e^{-r_1} \times 0.5(P_{10}^3 + P_{11}^3)$。

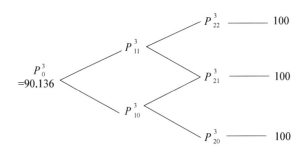

图 6-4 3年期零息债价格轨迹

上述式子中，P_0^3、r_1、r_L 和 r_H 均已知，然后经过变量替代，可得到关于 P_0^3 的仅含变量 r_{LL} 的定价表达式，运用 Excel 单变量方程求解或试错法，可得 $r_{LL}=3.7041\%$，进而有 $r_{HL}=4.5242\%$ 和 $r_{HH}=5.5258\%$。

2. 利用利率二叉树对两类含权债券定价

对可赎回债券或可售出债券定价时，与普通债券定价不同，含权债券的现金流发生的时点会因期权的执行而变得不确定，而期权是否执行与未来市场利率波动息息相关。利率二叉树由于考虑了利率的波动情况，因此较为适合含权债券的定价。具体做法是：先基于国债即期利率信息构建利率二叉树，再根据企业信用状况及其发行债券规模等影响利差的因素并结合可比企业已发行同类含权债券的利差情况，估计相应的利差基点，然后把该利差基点加到构建的利率二叉树的每一节点利率上，得到适于该企业债券定价的利率二叉树；最后利用该二叉树对含权债券估值，得出理论价值。对利率二叉树各节点加上的这一相同基点即是期权调整利差（Option-adjusted Spread, OAS），这一定价方法也被称为期权调整利差法。利用该方法可以为新发行的此类含权债券定价；对已发行的债券，可通过将得出的理论价格与市场价格比较，以确定该债券是否被错误定价，若被错误定价，可采取相应的投资策略。

图 6-5 一步利率二叉树

【案例 6-2】 一家企业发行 2 年期、息票率为 4.5% 债券，利息按年支付，在第 1 年年末发行人可按 100 元赎回。假如采用基于国债价格信息构建如下利率二叉树（图 6-5）：

假如基于发行企业的信用和可比公司相似债

券的利差情况,确定期权调整利差为28个基点,即应将上述利率二叉树各节点利率同时加上0.28%,作为适于企业含权债券定价的利率二叉树。图6-6是对该可赎回债券利用二叉树模型进行的定价结果,其中上行和下行概率均为0.5。

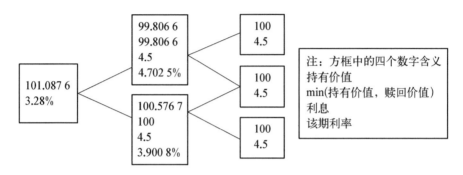

图6-6 可赎回债券的利率二叉树定价

【案例6-3】 下面再看上述企业发行的一个可售出债券,到期期限为2年,息票率为4.5%,利息按年支付,在第1年年末债券持有人可按100元价格将债券出售给发行人。图6-7是对该可售出债券的二叉树定价,其中上行和下行概率均为0.5。

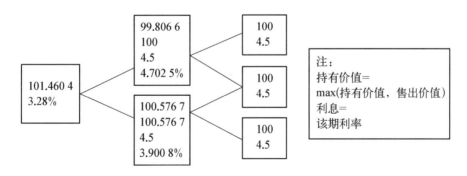

图6-7 可售出债券的利率二叉树定价

3. 可转换债券的估值

可转换债券(Convertible Bonds)是指允许债券持有人在规定期限内,按确定的比例将债券兑换成公司的普通股的债券。通常可转换债券又附带有允许发行人在规定时期内可按确定的价格将债券赎回的权利。当债的持有价值大于赎回价格时,发行人会行使赎回权,这有可能促使债券持有人提前执行转换期权,将债券兑换成公司股份。此类债券包含多种期权,且债券持有人的转换期权优先于发行人的赎回期权,使得对其估值不能采用单纯的头寸分解法。Tsiveriotis 和 Fernandes(1998)提出了基于标的股价的二叉树定价法,具体是先构建反映标的股票价格轨迹的二叉树,然后在每一节点将可转债价值区分为股票价值和债券价值两部分,在计算前一节点的债券持有价值时,对之后两个节点的债券部分和股票部分的价值用不同的折现率分别折现。采取倒推法,由最后一期的节点算起,直至最后计算出可转债的当前价值。虽然案例 6-4 仅采用了三步二叉树,但定价理念已揭示无疑。通过 Python 编程对更多步二叉树求解也不再是难事。下面对这一经典案例进行阐释。

【案例 6-4】 某公司发行的一只面值为 100 元、9 个月到期的零息债券,持有人在到期前的任何时间可将该债券转换成发行公司的两股股票。此外,规定发行公司有权在期间任何时间可按 115 元价格将该债券赎回。公司当前股价为 50 元,年波动率为 30%,其间股票不支付红利。假定无风险收益率曲线是平坦的,为年 10%,而与该企业适应的"有风险"收益率曲线也是平坦的,为年 15%。试确定该可转债的当前价值。

分析:根据标的资产公司股价的二叉树轨迹,采用倒推法从期权到期时的各节点开始,依次确定各节点的可转债价值。考虑到转换期权优先于赎回期权,每个节点依照 max{min(持有价值,赎回价格),转股价值}确定可转债价值。在计算各节点的持有债券价值时,由于此时尚不确定接下来是否转换,对接下来的两个节点的可转债价值也没有具体的折现率来折现,因此需把其后两节点的可转债价值分为股票价值和债券价值两个成分,其中股票价值部分按风险中性概率求出期望值,再用无风险利率折现;债券价值的期望值用风险利率折现。

解:(1)构建该公司股价未来变化轨迹二叉树,确定关键参数。构建三步二叉树,步长 $\Delta t = 0.25$ 年,已知股价波动率 $\sigma = 10\%$,因此上升因子 $u = e^{\sigma\sqrt{\Delta t}} = e^{0.3\sqrt{0.25}} = 1.1618$,下降因子 $d = u^{-1} = 0.8607$。根据节点 (i, j) 的股价为 $S_0 u^j d^{i-j}$ $(i = 0, 1, 2, 3; j = 0, 1, \cdots, i)$ 可得出相应节点的股价。风险中

性概率 $p = \dfrac{e^{r\Delta} - d}{u - d} = \dfrac{e^{0.1 \times 0.25} - 0.8607}{1.1618 - 0.8607} = 0.5467$。

(2) 采用倒推法,依次确定各节点可转债的价值。先从期权到期时的各节点开始。譬如节点(3,3),股价为 $S_0 u^3 = 78.42$。显然持有人会行使转换期权,可转债的价值为转股价值 $78.42 \times 2 = 156.84$,其中股份价值为156.84,债券价值为0。节点(3,2)同理。节点(3,1)股价 $S_0 u d^2 = 43$,显然持有人不会选择转换成股票,会取得债券的面值,因此该节点可转债的价值为100,其中股份价值为0,债券价值为100。

然后确定前一期末各节点的价值。譬如节点(2,1),股价为 $S_0 u d = 50$,转换价值为100。持有价值为该节点随后的两个节点(3,2)和(3,1)中股份价值和债券价值的现值之和,其中股份价值的现值为:

$$[116.18 \times 0.5467 + 0 \times (1 - 0.5467)] e^{-0.1 \times 0.25} = 61.95$$

债券价值为:

$$[0 \times 0.5467 + 100 \times (1 - 0.5467)] e^{-0.15 \times 0.25} = 43.66$$

因此节点(2,1)处的持有价值为 $61.95 + 43.66 = 105.61$,此价值小于赎回价值,因此发行公司不会赎回,而持有价值又大于转股价值,依照可转债价值为 max{min(持有价值,赎回价格),转股价值},故此节点处的可转债价值为持有价值105.61,其中股份价值为61.95,债券价值为43.66。以此类推,最后可求得当前可转债价值为104.95。具体结果见图6-8。

对于可转债中除了上述例子包含的转股期权、赎回期权外,若还包括回售期权,则各节点的可转债价值依照 max{min(持有价值,赎回价格),转股价值,回售价格} 确定,求解思路一样。

三、债券投资组合管理策略

1. 被动管理策略(Passive Bond Management Strategy)

债券投资组合被动策略是基于债券市场不存在债券被错估以及认为未来利率难以预期,从而尽量使投资组合的未来价值免受市场利率变化的影响,其做法主要是让债券投资组合的久期与持有期(Horizon)一致。该策略又叫免疫(Immunization)。

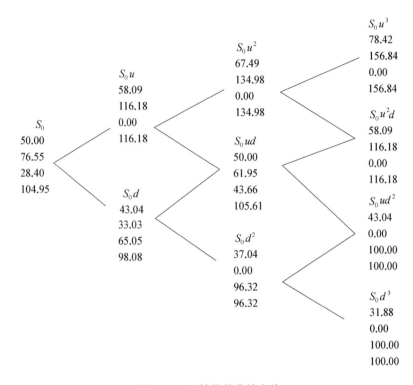

图 6-8 可转换债券的定价

注：各节点四个数字代表含义：最上面的数字是股价，第二、第三个数字分别是该节点可转债价值中包含的股份价值和债券价值，最下面数字是该节点可转债价值，为第二和第三个数字之和。

如果市场上恰好有零息票债券的到期期限与持有期限一致，持有此类债券期间不需要做任何调整，持有到期即可。正常情况下，需要选择债券组合，使债券组合的久期等于持有期限。随着时间的推移，必然出现持有的债券组合久期与距离持有期限到期时间不一致，因此还需要定期对债券组合头寸适当调整，使债券组合的久期与剩余期限相吻合。这样就能确保债权组合投资到期取得当初构建时的相应期限的即期利率水平。这种定期的头寸调整被称作再平衡(Rebalancing)。可见，被动投资策略也不是一劳永逸的，还要定期维护债券组合的久期，以与剩余持有期一致。

2. 主动管理策略(Active Bond Management Strategy)

债券主动管理策略是基于认为市场存在债券错估和对未来市场利率能有更好的预期而采取的策略。Homer 和 Liebowitz 提出了如下四种策略：

(1) 替代品调换。即对两个几乎完全可以替代的债券,如发行人的主营业务相同,业绩相差不大,两者发行的债券票面利率、付息次数、到期时间、赎回条款等实质性条款一致,当发现这两个债券的到期收益率出现偏差时,就可以卖空收益率低的债券,同时买入收益率高的债券,待到两者的到期收益率一致时,再进行相反操作。

(2) 市场间利差调换。对票面条款相同的政府债券和企业债券(譬如美国政府债券与IBM公司债券),当发现它们的利差(即到期收益率之差,又叫名义利差)较正常扩大(收窄)时,经调查认定非企业资信变动而是市场情绪所致,可采取卖空(买入)国债,同时买入(卖空)企业债券,待恢复至正常利差时,进行反向操作。

(3) 利率预期调换。即当预测市场利率上升时,降低债券组合的久期;反之,增大债券组合的久期。

(4) 净收益改善调换。即当预测持有期末收益率曲线不变或下降时,尽可能持有到期收益率大的债券,从而增大持有期收益率。净收益改善策略也被称作骑乘收益率曲线策略(Riding the Yield Curve)。

下面看两个案例:

【案例6-5】 已知3个月期、6个月期和9个月期的即期利率分别为0.85%、1.25%和1.6%(均为期间利率,3个月复利一次)。某货币基金管理人设定的债券投资期限为3个月。该基金管理人预计当前收益率曲线在持有期末不会发生变化,该基金管理人决定采取主动管理策略。试分析应选择的债券以及可能的风险。

解析:若选择3个月期的债券,则收益率为0.85%。此为被动投资策略,债券久期与投资持有期一致,不存在风险。显然该货币基金管理人不选择这一债券。若选择6个月期的债券,购买价$1\,000/(1+1.25\%)^2=975.46$,3个月后的卖出价为$1\,000/(1+0.85\%)=991.57$,收益率为$(991.57-975.46)/975.46=1.65\%$。若选择9个月期的债券,购买价为$1\,000/(1+1.6\%)^3=953.5$,3个月后卖出价为$1\,000/(1+1.25\%)^2=975.46$,收益率为$(975.46-953.5)/953.5=2.3\%$。因此,该基金管理人会选择持有9个月的债券。该策略是基于对未来收益率曲线不变或下降这一预期,若到时收益率曲线上升,则持有期收益率还不如持有3个月期的债券,即存在到时收益率曲线变化的风险。

【案例 6-6】 某投资者进行 1 年期投资,准备购买 20 年期 6%票面利率的公司债券,半年付息一次,发行价格为 86.436 5,到期收益率 7.3%,1 年后出售。当前发行在外的 20 年国债的到期收益率为 6.5%,而且即期收益率曲线是平坦的(Flat)。该投资者预期持有期内的利息再投资收益率为 6.0%,预期即期收益率曲线在 1 年后会下移 35 个基点(bp),而且保持平坦,公司债券与国债之间的利差则增加 10 个基点。试确定该公司债券可提供的预期持有期投资回报率。

(1) 利息及其再投资收入:$3 \times (1 + 6\%/2) + 3 = 6.09$。

(2) 1 年期末的债券价格:19 年期"有风险的"到期收益率变为 $6.50\% - 0.35\% + (7.3\% - 6.50\% + 0.1\%) = 7.05\%$;19 年期债券按照 7.05%贴现,价格为:89.099 2。

(3) 持有期回报率为:$(6.09 + 89.099\ 2 - 86.436\ 5)/86.436\ 5 = 10.13\%$。

3. 或有免疫(Contingent Immunization)

或有免疫属于主被动混合策略(Mixed Passive-active Strategy),由 Liebowitz 和 Weinberger 提出。下面通过一个案例(案例 6-7)说明之。

【案例 6-7】 假设当前利率水平为 10%,某基金管理人持有的债券投资组合的价值为 1 000 万美元。持有期设定为两年。该基金持有人要求到期时债券组合价值不低于 1 100 万美元即可。此时若采取被动投资策略,即直接持有久期为 2 年的债券组合,可确保 2 年后的债券组合价值为 $1\ 000 \times 1.1^2 = 1\ 210$ 万美元,大于基金投资人设定的最低价值,显然,当前不应采用被动策略,而应该采用主动投资策略。假定在到期前的某一时点,距到期时间为 T 年,此时 T 年期的即期利率(一年复利一次)为 r,那么此时触发由主动投资改为被动投资的债券组合价值为 $\dfrac{1\ 100}{(1+r)^T}$ 万美元,即只要此时债券价值在这一水平之上,尽管采用主动策略,一旦触及该价值,立即改为持有久期为 T 年的债券组合,从而确保到期价值不低于 1 100 万美元。

四、期货衍生工具在债券管理中的应用

1. 利用期货衍生工具控制债券组合的久期

投资组合的目标货币久期等于当前没有期货的投资组合的货币久期与期货合约的货币久期之和,而期货合约的货币久期等于每个期货合约的货币久

期乘以所需期货合约数量。

记 D_I 为当前没有签约期货的投资组合的久期，D_T 为签约期货后投资组合的目标久期，P_I 为投资组合的市值（由于签约期货时期货价值为零，因此组合中是否含有期货不影响组合价值）。记 N 为所需期货合约的数量，期货合约报价为 F_C，期货的最便宜交割（Cheapest-to-Deliver，CTD）债券的久期和价格分别为 D_{CTD} 和 P_{CTD}，则每个期货合约的货币久期为 $F_C D_{CTD}$，记最便宜交割债券的转换因子为 k，有 $k = P_{CTD}/F_C$，根据如下关系：

$$D_T \times P_I = D_I \times P_I + F_C D_{CTD} \times N$$

从而实现投资组合的目标货币久期所需要的期货合约数量可以估算为：

$$N = \frac{(D_T - D_I) P_I}{F_C D_{CTD}} = \frac{(D_T - D_I) P_I}{D_{CTD} P_{CTD}} \times \frac{P_{CTD}}{F_C} \quad (6.11)$$

$$= \frac{(D_T - D_I) P_I}{D_{CTD} P_{CTD}} \times k$$

下面用案例（案例 6-8）加以说明。

【案例 6-8】 某债券投资组合的市值为 35 000 万元，投资组合的久期为 6.2 年。该组合管理人预计未来利率向上移动的可能性大于当前市场的预期。管理人决定采用国债期货合约将其债券组合的久期降至 5 年。已知最便宜交割债券的市值为 105 万元，久期为 4 年。假设最便宜交割债券的转换因子为 1.35。试确定该债券组合管理人需要多少期货合约来实现这一目标久期。

解：需要的期货合约数 $= \frac{(D_T - D_I) P_I}{D_{CTD} P_{CTD}} \times k = \frac{(5 - 6.2) \times 35\,000}{105 \times 4} \times 1.35 = -135$

即需要做空 135 份期货合约。

2. 利用债券期货防范债券的利率风险

选择债券期货合约，使得期货合约的货币久期等于债券组合的货币久期，可以防范所持债券组合面临的市场利率风险。记 P 和 F_C 分别为债券组合价值和期货合约的价格，D_P 和 D_F 分别为债券组合的久期和期货标的债券的久期，并假设需要做空债券期货合约的数量为 N，则有 $N F_C D_F = P D_P$，从而得：

$$N = \frac{PD_P}{F_C D_F} \tag{6.12}$$

利用债券期货合约防范利率风险的优势在于：债券组合管理人通过签订期货合约，一方面规避了债券组合利率风险，另一方面也避免了债券经卖出再购回造成的价格不利变动和巨大交易费用。

下面通过一个案例(案例6-9)加以说明。

【案例6-9】 假设现在是8月2日，某债券基金经理将1 000万美元投资于政府债券，担心接下来的4个月市场利率会有较大波动。该债券基金经理打算利用12月份政府债券期货合约为债券组合进行套期保值。当前期货价格为93.062 5。由于每份合约要交割的债券面值为10万美元，因此每份期货合约价格为93 062.5美元。已知该债券组合的久期为6.8年。该国债期货的最便宜交割债券预计为20年期票面利率为12%的附息债券。该债券的当前到期收益率为年8.8%，久期是9.2年。

试确定需要做空的期货合约数量。

解：根据上述公式，得所需做空的期货合约数量为：

$$N = \frac{10\ 000\ 000 \times 6.8}{93\ 062.50 \times 9.2} = 79.42$$

经小数取整，知应做空79份期货合约。

第二节　股票组合投资

一、被动投资策略与主动管理策略

1. 被动投资策略

常见的被动投资策略是跟踪(Mimicing)某一股价指数。在共同基金(Mutual Fund)中，有一大类是指数基金。该基金在构建跟踪某一个股价指数时，要明确该股价指数的编制方法。股价指数编制法有三种类型：价格加权、市值加权和等额加权法。

对于跟踪价格加权指数的基金，其投资组合的构建方法是：尽可能使持有指数中成分股的数量相等。此类股价指数有道琼斯工业指数(DJI)、日经指数(Nikkei225)等。对于跟踪市值加权股价指数的投资基金,其构建投资组合的方法是:按股价指数中各成分股的市值占比作为其投资比例。此类股价指数如标普500指数(S&P500)、富时100指数(FTSE 100)、沪深300指数等。等额加权指数是后来兴起的一类指数,编制时成分股的权重一样,定期调整权重,确保相等。因此,对跟踪等额加权指数基金,其投资组合的构建方法是:投资于每个成分股上的金额相等,即各成分股的投资比例相同。

指数基金构建投资组合后,在持有期间,若遇到跟踪的指数成分股变更时,基金管理人要对投资组合中股份做相应的调整。对跟踪价格加权指数基金,当指数中某成分股分拆时,基金管理人也要对其投资组合中该股票头寸相应调整,确保持有的各股票数量大致一致,而对跟踪市值加权指数基金,则不需调整。对跟踪等额加权指数基金,当遇到等额加权指数的权重再平衡时,基金管理人也要相应调整投资组合中的股份头寸,使投资在各股票的金额恢复一致。

指数基金的回报一是期间收到的股息,二是股价的变化,而股价的变化即资本利得,与期间跟踪的股价指数收益率是一致的。

2. 积极管理策略

积极管理策略,也称主动管理策略(Active Portfolio Management Strategy),即基金管理人认为市场是不完善的,必然存在被错估的证券,从而构建投资组合,以期获得尽可能好的业绩。下面介绍两个传统然而堪称经典的理论模型,以阐释利用错估证券构建投资组合的理念,为投资者实际操作提供借鉴和启发。

(1) Treynor - Black 模型。

Jack Treynor 和 Fischer Black 于 1973 年在 *Journal of Business* 期刊上发表的 *How to Use Security Analysis to Improve Portfolio Selection* 一文中提出了该模型。

假定所有证券定价合理,证券 i 的收益率 r_i 满足如下指数模型:

$$r_i = r_f + \beta_i(r_M - r_f) + e_i \tag{6.13}$$

式中,r_f 和 r_M 分别为无风险资产和市场指数组合的收益率,$\beta_i = \dfrac{\sigma_{iM}}{\sigma_M^2}$,$\sigma_{iM}$ 和 σ_M^2

分别为证券 i 与市场指数组合 M 的协方差、市场指数组合的方差，e_i 为企业特定原因造成的收益变动部分，是扰动项。该模型假设：

$$E(e_i)=0,\ \mathrm{Cov}(e_i, r_M)=0,\ \mathrm{Cov}(e_i, e_j)=0,\ i\neq j。$$

现在证券投资基金管理者安排一支证券分析师团队在所有交易证券中挖掘被错估的证券。目的是将错估证券配置为一个主动投资组合，再与代表被动组合的市场指数组合结合，基于夏普比例最大化得出投资组合集，即适于主动投资策略的资本配置线（Capital Allocation Line, CAL），最后按照投资人的效用函数确定出最佳投资组合（Optimal Portfolio）。

假定发现有 n 只证券被错估，被错估证券 k 的收益率 r_k 满足：

$$r_k = r_f + \beta_k(r_M - r_f) + e_k + \alpha_k \tag{6.14}$$

式中，α_k 代表被错估证券 k 的超额收益（Abnormal Return），$\alpha_k \neq 0$，$k=1,\cdots,n$。

又假设由上述 n 个被错估证券已构成的主动的投资组合为 A，其贝塔值和超额收益分别为 β_A 和 α_A，则有：

$$r_A = r_f + \beta_A(r_M - r_f) + e_A + \alpha_A$$

根据指数模型假设，有：

$$E(r_A) = r_f + \alpha_A + \beta_A[E(r_M) - r_f]$$
$$\sigma_A = [\beta_A^2 \sigma_M^2 + \sigma^2(e_A)]^{1/2}$$
$$\sigma_{AM} = \mathrm{Cov}(r_A, r_M) = \beta_A \sigma_M^2$$

构建使投资者效用最大的最佳组合需要以下三步：

第一步，现在考虑由主动的投资组合 A 和被动的市场指数组合 M 构成的投资组合 P，投资比例分别为 w 和 $1-w$，则有：

$$r_P = w r_A + (1-w) r_M$$

从而

$$E(r_P) = w E(r_A) + (1-w) E(r_M)$$
$$\sigma_P = [w^2 \sigma_A^2 + 2w(1-w)\sigma_{iM} + (1-w)^2 \sigma_M^2]^{1/2}$$

求投资组合 P 中的投资比例 w 使得该组合的夏普比率(记为 S_P)最大,即:

$$\max_w S_P = \max_w \frac{E(r_P) - r_f}{\sigma_P}$$

求组合 P 的夏普比率关于 w 的一阶导数并令之为 0,可解得组合 A 在其中的最佳投资比例 w_A:

$$w_A = \frac{[E(r_A) - r_f]\sigma_M^2 - [E(r_M) - r_f]\sigma_{AM}}{[E(r_A) - r_f]\sigma_M^2 + [E(r_M) - r_f]\sigma_A^2 - [E(r_A) - r_f + E(r_M) - r_f]\sigma_{AM}} \tag{6.15}$$

将这一最佳比例 w_A 代入组合 P 的夏普比率,经整理可得:

$$S_P^2 = \left[\frac{E(r_M) - r_f}{\sigma_M}\right]^2 + \left[\frac{\alpha_A}{\sigma(e_A)}\right]^2 \tag{6.16}$$

即组合 P 的夏普比率的平方等于市场指数组合夏普比率的平方与主动组合 A 的评估比率(Appraisal Ratio)的平方之和。

第二步,确定主动组合中各被错估证券的占比。前面是假定主动组合 A 既定。现在考虑组合 A 中各被错估证券的最佳投资比例。由上述组合 P 的夏普比率平方的分解式可知,主动组合 A 的评估比率 $\frac{\alpha_A}{\sigma(e_A)}$ 最大才能确保最佳组合 P 的夏普比率最大,由此确定主动组合 A 中各证券的最佳比例归结为求解 $\max_{w_k} \frac{\alpha_A}{\sigma(e_A)}$。

为此,求 $\frac{\partial}{\partial w_k}\left(\frac{\alpha_A}{\sigma(e_A)}\right)$ 并令之为 0,解得:

$$w_k = \frac{\frac{\alpha_k}{\sigma^2(e_k)}}{\frac{\alpha_A}{\sigma^2(e_A)}}, \quad k = 1, \cdots, n \tag{6.17}$$

又有 $\sum_{k=1}^n w_k = 1$,可得 $\frac{\alpha_A}{\sigma^2(e_A)} = \sum_{k=1}^n \frac{\alpha_k}{\sigma^2(e_k)}$。

从而有：$w_k = \dfrac{\dfrac{\alpha_k}{\sigma^2(e_k)}}{\sum_{j=1}^{n} \dfrac{\alpha_j}{\sigma^2(e_j)}}$，$k=1,\cdots,n$。 (6.18)

此即被错估证券 k 在主动组合 A 的最佳占比。

另外，由 $\left[\dfrac{\alpha_A}{\sigma(e_A)}\right]^2 = \dfrac{\alpha_A}{\sigma^2(e_A)} \alpha_A = \dfrac{\alpha_A}{\sigma^2(e_A)} \sum_{k=1}^{n} w_k \alpha_k$，并将式(6-17)代入上式可得：

$$\left[\dfrac{\alpha_A}{\sigma(e_A)}\right]^2 = \sum_{k=1}^{n} \left[\dfrac{\alpha_k}{\sigma(e_k)}\right]^2 \quad (6.19)$$

此表明，当主动组合 A 包含 n 个被错估证券时，风险投资组合 P 的夏普比率的平方提高的幅度为这 n 个被错估证券评估比率的平方和。

第三步，确定使得投资者效用最大的投资组合 C，此即完备的最佳组合(Complete Optimal Portfolio)。该组合有夏普比率最大的投资组合 P 和无风险资产 F 构成，设两者的投资比例分别为 y 和 $1-y$。则有：

$$r_C = y(r_P) + (1-y)r_f$$
$$E(r_C) = yE(r_P) + (1-y)r_f$$
$$\sigma_C^2 = y^2 \sigma_P^2$$

根据风险厌恶型投资者假设，通常有效用函数：

$$U = E(r_C) - 0.5 \bar{A} \sigma_C^2$$

式中，$\bar{A}$ 为投资者的风险厌恶程度，可根据投资者针对专门设计的问卷回答情况打分得出。然后求 U 关于 y 的一阶导数并令之为 0，可得完备组合 C 中组合 P 的最佳比例 y^*：

$$y^* = \dfrac{E(r_P) - r_f}{\bar{A} \sigma_P^2} \quad (6.20)$$

(2) 罗斯的套利定价理论。

套利定价理论(Arbitrage Pricing Theory，APT)是由史蒂芬·罗斯(Stephen Ross)于1976年提出的。该理论基于以下三个关键的命题：一是资本市场上有充足的证券资产,从而可以分散掉企业的特定风险;二是资本市场不存在无风险套利机会;三是证券资产的收益率可由因子模型来表示,即证券资产 i 的收益率可以表示为:

$$r_i = \alpha_i + \sum_{j=1}^{k} \beta_{ij} F_j + \varepsilon_i, \quad i = 1, \cdots, n \tag{6.21}$$

该模型的三个假设条件是:$E(\varepsilon_i) = 0$,$\mathrm{Cov}(F_j, \varepsilon_i) = 0$,$\mathrm{Cov}(\varepsilon_i, \varepsilon_j) = 0$(当 $i \neq j$ 时),$n \gg k$,

即证券资产的个数远大于因子 F_j 的个数。

在阐述该理论之前,需要明确两个相关概念:

一是无风险套利机会(Arbitrage Opportunity),是指在零净投资情况下能获得确定的盈利。在有效资本市场上,这样的机会很少存在,一旦出现,投资者的逐利行为会使其转瞬即逝。当不存在无风险套利机会时,资本市场处于均衡状态。套利定价理论就是探讨在市场均衡状态下证券资产收益率的确定问题。

二是充分分散的投资组合(Well-diversified Portfolio),是指该投资组合包括极其多的证券资产,且每一个证券资产的投资比例都极其小。尽管威廉·夏普等学者提出的资本资产定价理论(CAPM)给出了在市场处于均衡状态下证券资产预期收益率的确定模型,但其中的市场组合(Market Portfolio)更多的是理论层面,不具有实操性。罗斯提出的充分分散的投资组合并不难构建,并且能构建很多。套利定价理论就是研究此类投资组合收益率的确定问题。

套利定价理论通常分为单因子套利定价理论和多因子套利定价理论。

一是单因子套利定价理论。单因子套利定价理论的模型为:

$$r_i = \alpha_i + \beta_i F + \varepsilon_i, \quad i = 1, \cdots, n \tag{6.22}$$

式中,F 为共同因子,所有证券资产的收益均受此影响;β_i 为证券 i 对 F 的敏感系数。关于企业特定风险部分的收益率 ε_i,有:

$$E(\varepsilon_i) = 0, \quad \mathrm{Cov}(F, \varepsilon_i) = 0, \quad \mathrm{Cov}(\varepsilon_i, \varepsilon_j) = 0 (\text{当 } i \neq j \text{ 时})$$

记充分分散的投资组合为 P,其收益率 r_P 为:

$$\begin{aligned} r_P &= \sum_{i=1}^{n} W_i r_i = \sum_{i=1}^{n} W_i \alpha_i + \left(\sum_{i=1}^{n} W_i \beta_i \right) F + \sum_{i=1}^{n} W_i \varepsilon_i \\ &= \alpha_P + \beta_P F + \varepsilon_P \end{aligned}$$

由于 $E(\varepsilon_P) = 0$,$\sigma^2(\varepsilon_P) \approx 0$,因此 ε_P 几乎为零。从而有:

$$r_P = \alpha_P + \beta_P F$$

$$E(r_P) = \alpha_P + \beta_P E(F)$$

将两式相减,得:

$$r_P = E(r_P) + \beta_P [F - E(F)] \tag{6.23}$$

由此可得如下重要结论:对于任意两个充分分散的投资组合 P_1 和 P_2,如果它们对共同因子 F 的敏感系数相等,即 $\beta_{P_1} = \beta_{P_2}$,那么两者的预期收益率相等,否则市场上必然存在无风险套利机会。

现在定义一个因子投资组合,记为 P_0,该组合是充分分散的组合,其对共同因子 F 的敏感系数,即 β 为1,其收益率记为 r_0。

对于任一充分分散的投资组合 P,其对 F 的敏感系数为 β_P,接下来考虑其预期收益率 $E(r_P)$ 的确定问题。我们利用因子投资组合 P_0 和无风险资产(收益率记为 r_f)构建一个投资组合,两者的投资比例分别为 β_P 和 $1-\beta_P$。显然,这一构建的投资组合也是充分分散的组合,对共同因子 F 的敏感系数也为 β_P,预期收益率为 $\beta_P E(r_0) + (1-\beta_P) r_f$。根据上述重要结论,对于对共同因子 F 的敏感系数为 β_P 的任一充分分散的投资组合,其预期收益率 $E(r_P)$ 有如下关系:

$$E(r_P) = \beta_P E(r_0) + (1-\beta_P) r_f$$

从而有:

$$E(r_P) = r_f + \beta_P [E(r_0) - r_f] \tag{6.24}$$

此即单因子套利定价理论模型。

二是多因子套利定价理论。考虑两因子模型,对于证券资产 i,其收益率可表示为:

$$r_i = \alpha_i + \beta_{i1} F_1 + \beta_{i2} F_2 + \varepsilon_i, \quad i = 1, \cdots, n \tag{6.25}$$

其中 $E(\varepsilon_i) = 0$,$\mathrm{Cov}(F_1, \varepsilon_i) = 0$,$\mathrm{Cov}(F_2, \varepsilon_i) = 0$,$\mathrm{Cov}(\varepsilon_i, \varepsilon_j) = 0$(当 $i \neq j$ 时)。

对于多因子模型,不难得出如下结论:对于任意两个充分分散的投资组合,如果它们对所有共同因子中的任一因子的敏感系数都相等,那么这两个投资组合的预期收益率必相等,否则存在无风险套利机会。

考虑如下两个因子组合,因子1组合 P_1 和因子2组合 P_2,两组合都是充分分散的投资组合,因子 1 组合 P_1 对共同因子 F_1 的敏感系数(即对应的贝塔值)为 1,对共同因子 F_2 的敏感系数为 0,而因子 2 组合 P_2 正好与之相反,其对 F_1 的敏感系数为 0,对 F_2 的敏感系数为 1。记因子 1 组合 P_1 的收益率为 r_1,因子 2 组合 P_2 的收益率为 r_2。

接下来考虑任一充分分散的组合 P,其对共同因子 F_1 和 F_2 的敏感系数分别为 β_1 和 β_2,探讨其预期收益率 $E(r_P)$ 的确定。

现在利用这两个因子组合——因子 1 组合 P_1 和因子 2 组合 P_2 以及无风险资产构建一个新的投资组合,投资比例分别为 β_1、β_2 和 $1-\beta_1-\beta_2$,显然该组合也是一个充分分散的组合,对共同因子 F_1 和 F_2 的敏感系数分别为 β_1 和 β_2,该组合的预期收益率为:

$$\beta_1 E(r_1) + \beta_2 E(r_2) + (1-\beta_1-\beta_2) r_f$$

根据敏感系数相同的组合其预期收益率相等这一结论,可知对共同因子 F_1 和 F_2 的敏感系数分别为 β_1 和 β_2 的任一充分分散的组合 P,其预期收益率 $E(r_P)$ 应有:

$$\begin{aligned} E(r_P) &= \beta_1 E(r_1) + \beta_2 E(r_2) + (1-\beta_1-\beta_2) r_f \\ &= r_f + \beta_1 [E(r_1) - r_f] + \beta_2 [E(r_2) - r_f] \end{aligned} \quad (6.26)$$

此即二因子套利定价理论模型。这一模型很容易推广到有 $k(\geqslant 2)$ 个共同因子的一般情形,有如下模型:

对于任一充分分散的投资组合 P,其对共同因子 F_j 的敏感系数为 β_j,$j=1,\cdots,k$,在市场均衡状态下,其预期收益率 $E(r_P)$ 为:

$$E(r_P) = r_f + \sum_{j=1}^{k} \beta_j [E(r_j) - r_f] \quad (6.27)$$

(3) 两个著名的多因子模型。

上述套利定价理论仅仅是理论基础,并没有给出影响证券资产均衡收益的具体因子。接下来的两个多因子模型在学界和业界均影响很大。

一是罗尔和罗斯的五因子模型。罗尔和罗斯于 1986 年提出了如下五因子模型:

$$\begin{aligned} r_{it} = & \alpha_i + \beta_{iIP} IP_t + \beta_{iEI} EI_t + \beta_{iUI} UI_t \\ & + \beta_{iCG} CG_t + \beta_{iGB} GB_t + \varepsilon_{it} \end{aligned} \quad (6.28)$$

式中，IP 为工业产值变化百分比；EI 为预期通胀率变化百分比；UI 为非预期通胀率变化百分比；CG 为长期公司债券与长期政府债券的收益率差；GB 为长期政府债券与短期政府票据的收益率差。

二是 Fama-French 三因子模型。Fama 和 French 于 1996 年提出了著名的三因子模型：

$$r_{it} = \alpha_i + \beta_{iM}R_{Mt} + \beta_{iSMB}SMB_t + \beta_{iHML}HML_t + \varepsilon_t \tag{6.29}$$

式中，R_M 为市场指数的收益率；SMB 即 Small Minus Big，是指小盘股组合的收益率超出大盘股组合收益率的部分；HML 即 High Minus Low，是指高净市率（每股账面净值与市价之比）股票组合的收益率超出低净市率股票组合收益率的部分。

该模型在有关证券资产收益率确定的实证研究和业界应用方面均居主流地位。

二、股指期权在投资组合管理中的应用

1. 利用股指期货来套期保值

记 F_0 和 P_0 分别为股指期货当前价格和所持投资组合的当前价值，R_F 和 R_P 分别为期货合约的价格变化率和该投资组合的收益率。记 R_F 和 R_P 的标准差分别为 σ_F 和 σ_P，两者的协方差为 σ_{PF}，相关系数为 ρ，有 $\rho = \sigma_{PF}/\sigma_P\sigma_F$，定义该投资组合对股指期货的敏感度 $\beta = \sigma_{PF}/\sigma_F^2$。记需要做空的股指期货合约份数为 N，则 $P_0R_P - NF_0R_F$ 的方差 σ^2 为：

$$\sigma^2 = P_0^2\sigma_P^2 - 2P_0NF_0\sigma_{PF} + N^2F_0^2\sigma_F^2 \tag{6.30}$$

为使该方差最小，求 σ^2 关于 N 的一阶导数，并令之为零，得：

$$N = \frac{\sigma_{PF}}{\sigma_F^2} \times \frac{P_0}{F_0} = \beta\frac{P_0}{F_0} \tag{6.31}$$

根据 β 和 ρ 的定义，有：

$$N = \rho\frac{\sigma_P}{\sigma_F} \times \frac{P_0}{F_0}$$

记 $h = NF_0/P_0$，则 h 代表股指期货合约规模为投资组合规模的倍数，此即套期比率(Hedge Ratio)，从而得：

$$h = \rho \frac{\sigma_P}{\sigma_F} \quad (6.32)$$

求 σ^2 关于 N 的二阶导数为正，可见所得 N 和 h 的表达式均可使 σ^2 最小，满足套期保值要求。

另外，由于在未来 t 时刻期货价格与标的股指价值(股指点数乘以每一点数代表的金额)存在如下关系：

$$F_t = S_t e^{(r-q)(T-t)} \quad (6.33)$$

而 $e^{(r-q)(T-t)}$ 为常数，因此上述 β 也即投资组合收益率对股指收益率的贝塔值。

2. 利用股指期货调整投资组合的贝塔值

当基金管理人认为自己对未来股市趋势有较准确把握时，可以利用股指期货来改变组合的贝塔值，从而利用趋势的变化。

记投资组合当前价值为 P_0，股指期货当前价格为 F_0，未签订期货合约时投资组合的贝塔值为 β，签定 N 份期货合约后组合的贝塔值为 β^*，而期货合约价格变动率的贝塔值 $\beta_F = 1$，根据现代投资组合理论，应有：

$$P_0 \beta^* = P_0 \beta + NF_0 \beta_F$$

从而得：

$$N = (\beta^* - \beta) \frac{P_0}{F_0} \quad (6.34)$$

若 $N > 0$，为多头期货合约的份数；若 $N < 0$，为空头期货合约的份数。

第三节 隐含波动率与期权头寸

一、隐含波动率与期权头寸选取

隐含波动率(Implied Volatility)是指将期权当前市场价格代入期权估值

模型推知的波动率,该波动率体现了市场的平均预期状况。在股票期权定价模型中,股票未来价格波动率是需要预测的关键变量。无论买权还是卖权,其价值均与股票价格波动率同向变化。因此,当投资者确信自己对股票波动率的预期更接近真实波动率、市场的平均预期有较大偏差时,就可以对期权选取适当的头寸,一旦市场预期回复到波动率真实水平,期权市场价格会相应调整,该投资人此时进行反向操作,从而了结期权头寸。同时,在期权持有期间,期权价格还会受到标的股票价格变动的影响,为了避免股价变动对期权价格的影响,可以利用期权的套期保值比率持有或做空一定数量的标的股票。

二、隐含波动率与期权头寸选取案例

下面通过一个案例(案例 6-10)来说明这一操作策略。

【案例 6-10】 在期权交易所的一份股票卖权,报价是 4.495 美元,到期期限 60 天,执行价格为 90 美元,标的股票当前价为 90 美元,无风险利率为 4%。假定该股票在未来 60 天内不分红。已知如上信息,由期权定价公式,可得出该期权价格所对应的波动率,即隐含波动率为 33%,而某投资人认为该股票的真实波动率应为 35%,从而得出该期权价格被低估,公允价格应为 4.785 美元。

该投资者应该如何操作该股票卖权呢?自然是做多,即持有该期权。但问题是,接下来期权价格变动除了受波动率影响外,还受标的股价变动的影响,且卖权价格与股价呈反向关系。通过已知信息,可以算出卖权套期保值比率 $N(d_1)-1$,其中 $N(\cdot)$ 为累计正态分布函数。

$$d_1 = \frac{\ln(S_0/X) + (r + \sigma^2)/T}{\sigma\sqrt{T}}$$

利用该投资者对波动率的估计值 35%,得出 $N(d_1)-1=-0.453$,从而可以构建如下组合:购买 10 份卖权合约(即 1 000 份卖权),同时购买 453 股该股票。这样一来,就剔除了股价变动对期权价格的影响,等到市场对波动率预期回到真实水平时,卖出期权合约,净赚波动率变动部分带来的期权差价。

第四节 证券投资基金综合业绩评价指标

普通投资者在选择证券投资基金时,要了解比较基金过去业绩的好坏,这就需要有供投资者参考的业绩评价指标。目前常用的投资基金综合业绩评价指标有以下四种。

一、夏普指标(Sharpe's Measure)

夏普指标又叫夏普比率(Sharpe's Ratio),为样本期间投资组合的平均超额收益除以该投资组合收益的标准差。用公式表示为:

$$S_P = \frac{\bar{r}_P - \bar{r}_f}{\sigma_P} \quad (6.35)$$

式中,$\bar{r}_f$ 为样本期间无风险利率均值。该指标是以资本市场线(CML)为基准的。

二、特雷诺指标(Treynor's Measure)

特雷诺指标是样本期间投资组合超额收益与投资组合的贝塔值之比。用公式表示为:

$$T_P = \frac{\bar{r}_P - \bar{r}_f}{\beta_P} \quad (6.36)$$

该指标与夏普比率的不同在于,分母是反映投资组合系统风险的贝塔值,是以证券市场线(SML)为基准的。

三、詹森指标(Jensen's Measure)

詹森指标又叫詹森 α(Jensen's α),等于投资组合在样本期间的收益率与由资本资产定价模型(CAPM)决定的收益率之差,用公式表示为:

$$\alpha_P = \bar{r}_P - [\bar{r}_f + \beta_P(\bar{r}_M - \bar{r}_f)] \quad (6.37)$$

式中,$\bar{r}_M$ 为样本期间市场组合(或有代表性的股价指数)收益率均值。该指标与特雷诺指标都是以证券市场线作为参照的,但特雷诺指标是一个比值,其分母为贝塔值,普通投资人难以理解,而詹森指数给出的是收益率差,该指数大于零,表明跑赢了市场,很接地气。

四、M^2 指标

该指标由诺贝尔经济学奖得主 Franco Modigliani 和其孙女 Leah Modigliani(摩根士丹利的策略分析师)提出。该指标是受詹森指标的启发,对夏普比率不易被普通投资者理解而进行的改进。其理论依据是:先在由基金的投资组合与无风险资产构成的资本配置线上确定出市场组合标准差所对应的预期收益率,然后得出该收益率与市场组合预期收益率的差。图示如下(图 6-9):

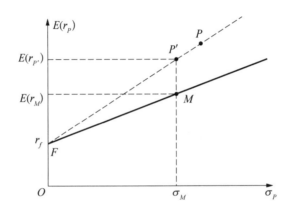

图 6-9　M^2 指标的构建

由基金的投资组合 P 与无风险资产 F 的连线即是由组合 P 和 F 构成的资本配置线,该直线上任一点代表由 P 和 F 构成的组合。现考虑在这一配置线上、标准差为 σ_M 的投资组合 P',记该组合中 P 和 F 的投资占比分别为 w 和 $1-w$,有 $\sigma_M = w\sigma_P$,即 $w = \sigma_M/\sigma_P$,从而得:

$$E(r_{P'}) = \left(\frac{\sigma_M}{\sigma_P}\right)E(r_P) + \left(1 - \frac{\sigma_M}{\sigma_P}\right)r_f \tag{6.38}$$

因此有:

$$\begin{aligned} M^2 &= E(r_{P'}) - E(r_M) \\ &= \left(\frac{\sigma_M}{\sigma_P}\right)[E(r_P) - r_f] - [E(r_M) - r_f] \end{aligned} \tag{6.39}$$

将预期收益率改写成样本均值,即:

$$M^2 = \left(\frac{\sigma_M}{\sigma_P}\right)[\bar{r}_P - \bar{r}_f] - [\bar{r}_M - \bar{r}_f] \tag{6.40}$$

M^2 指标与夏普比率一样,是以资本市场线为基准的,是基于总风险考量的。然而该指标为收益率之差,大于零即表明跑赢了市场,普通投资者易于理解和使用。

上述 M^2 指标是基于市场组合标准差这一风险水平计算的收益率之差。按照上述思路,也可以构造在基金投资组合标准差为 σ_P 时基金组合收益率与证券市场线上对应组合收益率的差。其结果为:

$$\begin{aligned}M^2 &= E(r_P) - \left[\left(\frac{\sigma_P}{\sigma_M}\right)E(r_M) + \left(1 - \frac{\sigma_P}{\sigma_M}\right)r_f\right] \\ &= [E(r_P) - r_f] - \left(\frac{\sigma_P}{\sigma_M}\right)[E(r_M) - r_f]\end{aligned} \tag{6.41}$$

将预期收益率改写成样本均值,即得出 M^2 的完全等价的另一指标:

$$M^2 = [\bar{r}_P - \bar{r}_f] - \left(\frac{\sigma_P}{\sigma_M}\right)[\bar{r}_M - \bar{r}_f] \tag{6.42}$$

上述四个指标,其中夏普比率和 M^2 是一类,都以基于总风险考虑,以资本市场线为基准的,适合于尚未持有证券基金的投资者用来比较并选择购买证券投资基金;特雷诺指标和詹森指标属于一类,是基于系统风险考虑,以证券市场线为参照的,适合于已经持有证券基金份额、希望选择持有更多基金的投资者作为评判依据。

第五节 对 冲 基 金

典型的机构投资者包括公募投资基金和私募投资基金,而公募基金又有封闭式基金和开放式基金之分,开放式基金因其自由认购与赎回机制而成为当今公募基金的主流形式。公募基金也叫共同基金。私募证券投资基金即对冲基金,有专门的对冲基金,也有大型投资银行发起设立的对冲基金。

一、对冲基金的概念与特点

1. 对冲基金的概念

对冲基金(Hedge Fund)是一种私募的投资基金,以各种公开交易的有价证券和金融衍生工具为投资对象,其投资策略包括一般投资基金所不具备的对冲套利操作,即具备多空双向运作机制,可灵活运用各种衍生金融产品、杠杆工具进行避险或套利。

2. 对冲基金的特点

对冲基金的特点体现在:投资活动的复杂性、投资效应的高杠杆性、筹资方式的私募性以及操作的隐蔽性和灵活性。

对冲基金通常设计为有限合伙制结构。

二、对冲基金的投资风格

对冲基金管理人利用许多不同的投资风格,并遵从各种交易策略。

1. 投资者的风险取决于该基金所采取的具体交易策略

(1) 新兴市场型(Emerging Market)指投资于新兴市场,如果某些市场不允许卖空,管理人须利用其他方式对冲。

(2) 只做空型(Short Only)指只进行证券做空。

(3) 宏观操作型(Macro)指设计策略,从主要的货币或利率变化中获利。

(4) 板块操作型(Sector Play)指投资于市场中的特定板块。

(5) 困境公司型(Distressed)指主要投资濒临破产或重组中的公司的证券。

(6) 增长型(Growth)指主要投资高增长型公司的股票。

(7) 风险套利型(Risk Arbitrage)指同时做多目标企业、做空收购企业。

(8) 可转换套利型(Convertible Arbitrage)指做多可转换证券,对正股做空。

(9) 高收益型(High Yield)指主要投资非投资级债券。

(10) 事件驱动型(Event Driven)指基于预期的事件操作。

(11) 价值型(Value)指主要侧重于内在价值,选择当前市场价格被错估的证券进行操作。

(12) 动量交易型(Momentum)指认为市场趋势将会延续并利用这一趋势盈利。

(13) 市场中立型(Market Neutral)指构筑零贝塔值的投资组合,从而避免市场整体波动带来的风险。

(14) 趋同型(Convergence)指挖掘证券之间相对价格出现暂时性背离的时机,做多低价证券,同时做空高价证券,从未来趋同过程中获利。

2. 对冲基金的运作案例

下面看一个对冲基金运作的典型案例(案例6-11)。

【案例6-11】 美国长期资本管理基金(LTCM)案例

美国长期资本管理公司成立于1994年2月,总部设在离纽约市不远的格林威治,是一家主要从事定息债务工具套利活动的对冲基金,它与量子基金、老虎基金、欧米伽基金一起被称为国际四大对冲基金。

LTCM掌门人是所罗门兄弟公司前主席梅里韦瑟(Meriwether),被誉为能"点石成金"的华尔街债务套利之父。他聚集了一批华尔街证券交易的精英:1997年诺贝尔经济学奖得主默顿(Robert Merton)和舒尔茨(Myron Scholes),他们因期权定价公式荣获桂冠;曾任财政部副部长及联储副主席的莫里斯(David Mullis);所罗门兄弟债券交易部前主管罗森菲尔德(Rosenfeld)。如此理论与实践兼具的管理团队,使LTCM于1994年一露面就被12.5亿美元的资金追捧。

LTCM主要从事量大利微(High Volume Low Margin)的定息政府债券(尤其是日本和俄罗斯的国债)的套利交易业务,他们设计出复杂的数学模型,被称为"趋同交易"(Convergence Trade),据此进行交易。

该模型基于如下假设:尽管从长期看,不同债券之间的价值会趋同,但短期内会存在套利机会,即交易活跃的债券相对于交易清淡的债券价格会偏高。为在这一交易上赚取大量盈利,LTCM不得不放大交易量,因此杠杆比率很高。

像预期一样,从1994年到1997年,LTCM分别实现了19.9%、42.8%、40.8%和17.1%的年度收益,资产规模也从最初的12.5亿美元飞跃到73.68亿美元。

1996年,LTCM大量持有意大利、丹麦、希腊等国政府的债券,而沽空德国债券,LTCM模型预测,随着欧元的启动,上述国家的债券与德国债券的息差将缩减,市场表现与LTCM的预测一致,LTCM获得巨大收益。

此后,LTCM又冒险进入了自己不太熟悉的衍生品交易和并购套利领域。到1998年,LTCM的股本达到47.2亿美元,而负债额却达到惊人的1 245亿美元。

然而,1998年8月,小概率事件真的发生了,由于国际石油价格下滑,俄罗斯国内经济不断恶化,8月17日,俄罗斯宣布卢布贬值,停止国债交易,将1999年12月31日前到期的债券转换成了3~5年期债券。这引起了国际金融市场的恐慌,投资者纷纷抛售俄罗斯政府债券和日本政府债券,转持风险较低、质量较高的美国政府债券。

当时LTCM大量做多俄罗斯政府债券和日本政府债券,做空美国政府债券。在不足4个月的时间里,LTCM的资产净值下降了46亿美元,已走到破产边缘。当时一些主要投资银行和基金如伯克希尔哈撒韦(Berkshire Hathaway)、高盛和美国国际集团(AIG)提出接替LTCM的普通合伙人,均被谢绝。

最终,美联储出面组织安排,以美林、摩根为首的15家国际性金融机构注资36.25亿美元共同接管了该基金,从而避免了其倒闭的厄运。

专家们认为,过高的杠杆比率是LTCM的致命伤(the Achilles Heel)。

本章思考题

1. 对债券组合进行风险管理的措施有哪些?
2. 债券组合主动管理策略有哪些?它们的区别是什么?
3. 如何利用债券期货合约来控制债券组合的久期?
4. 用利率二叉树对嵌入期权债券的定价步骤有哪些?
5. 如何进行股价指数基金投资组合的构建?
6. 利用 Treynor – Black 模型进行最佳投资组合构建的步骤有哪些?
7. 如何利用股指期货合约来控制股票投资组合的贝塔值?
8. 比较证券投资基金综合业绩评价指标的异同。
9. 谈谈对套利定价理论(APT)及其意义的理解。
10. 试比较对冲基金和共同基金这两类典型的机构投资者。

第七章

投资银行的资产证券化业务

资产证券化业务近几年在我国得到了迅速发展,投资银行在其中发挥着重要作用。资产证券化产品的设计、风险特征识别和定价是关键问题。同时,国外的实践表明,伴随着资产证券化业务的大量展开,信用违约互换这一产品扮演着重要角色。资产证券化产品的定价方法通常有蒙特卡洛模拟和利率二叉树,这些方法都需要对未来利率路径进行刻画,其中常常用到 CIR 利率模型。本章主要对这些问题进行讲述。

第一节 资产证券化

一、资产证券化基本概念

根据证券化的基础资产不同,可将资产证券化分为不动产证券化、应收账款证券化、未来收益证券化和信贷资产证券化。这里重点阐述信贷资产的证券化。信贷资产证券化是指把缺乏流动性但具有未来现金流收入的信贷资产经过重组形成资产池(Asset Pool),并以此为基础发行证券。信贷资产证券化是近三十年来国际金融市场最重要的金融创新之一。

按照被证券化资产种类的不同,信贷资产证券化可分为:住房抵押贷款证券化(Mortgage Backed Securitization,MBS)和资产支持证券化(Asset Backed Securitization,ABS)。被证券化的资产也被称作基础资产。在现实中,被证券化的资产往往是可以产生稳定的可预测现金流收入、同时又缺乏流动性的资产。

资产证券化运作涉及的主体一般包括：

(1) 发起人。发起人是基础资产的原始权益人，也是基础资产的卖方或信用风险的转移方。

(2) 特别目的载体。特别目的载体（Special Purpose Vehicle，SPV）是以资产证券化为目的而特别组建的法律实体。SPV 可以采取信托、公司或者有限合伙的形式，通常由投资银行、信托机构或其他企业法人投资设立。SPV 是介于发起人和投资者之间的中介机构，是资产支持证券的真正发行人。与一般实体不同，SPV 基本上是一个"空壳实体"，它只从事单一业务：从许多不同的发起人那里购买资产，组合这些应收权益，并以此为担保发行证券。但它并不参与实际的业务，具体工作委托相应的投资银行、信托机构等中介机构。

(3) 信用增级机构。信用增级可以通过内部增级和外部增级两种方式。内部增级包括超额担保（即建立一个金额比发行证券金额大的资产池）、现金储备账户（事先设立用于弥补投资者损失的现金账户）、设计优先类/从属类证券结构以及对发起人直接追索等。外部信用增级由第三方机构完成。这些机构包括：政府机构、保险公司、金融担保公司、金融机构、大型企业的财务公司等。

(4) 信用评级机构。发行证券化产品，要对其进行信用评级。现在世界上规模最大、最具权威性、最有影响力的三大信用评级机构是标准普尔公司、穆迪公司和惠誉公司。

(5) 承销商。承销商负责证券的发行，通常由投资银行担当。

(6) 服务商。服务商负责由被证券化的资产产生的现金流（本金和利息）的收取并转交给某家受托机构，对过期欠账进行催收，定期向受托机构和投资者提供有关特定资产组合的财务报告。服务商通常由发起人担任。

(7) 受托人（托管人）。受托人代表投资者行使对资产项目以及与之相关的一切权利。其职能包括：把服务商存入 SPV 账户中的现金流转付给投资者；对没有立即转付的款项进行再投资；确认服务商提供的各种报告的真实性，并向投资者披露；当服务商不能履行其职责时，代替服务商履行其职责。

(8) 投资者。证券化产品的投资者主要是机构投资者，如保险公司、投资基金、银行机构等。

值得说明的是,发起人将信贷资产转移给 SPV 时,必须是真实出售,其目的是为了实现基础资产与发起人之间的破产隔离,即发起人的其他债权人在发起人破产时对基础资产没有追索权。

二、资产证券化的主要品种

1. 住房抵押贷款证券化产品

住房抵押贷款证券化产品,即住房抵押贷款支持证券。根据对抵押贷款池内组合现金流的处理方式和证券偿付结构的不同,住房抵押贷款证券化产品可分为三类:

一是抵押贷款转手证券(Mortgage Pass-through Securities)。

抵押贷款转手证券的基本设计思路是:SPV 在收到借款人偿还的本金和利息后,就将其直接"转手"给支持证券的投资者。比如,假定有 30 年到期、本金为 100 000 美元、利率为 10% 的按月等额偿还抵押贷款 20 份,组成一资产池,以该资产池为依托发行转手证券。第一个月,该资产池收到现金支付额为 17 552 美元(其中利息为 16 666 美元,本金为 886 美元),那么,转手证券的持有人第一个月将得到 17 552 美元。如果该资产池中某一贷款在某月提前偿还,那么,转手证券的持有人在该月取得本金金额。

二是担保抵押贷款证券(Collateralized Mortgage Obligation,CMO)。

构造担保抵押贷款证券(CMO)的基本思路是:将整个资产池产生的现金流打包成不同等级或档次(Tranches)的证券,出售给不同需要的投资者。尽管不同等级的 CMO 的基础资产(抵押贷款资产池)获得的利息将支付给所有的 CMO 持有人,但是偿还的本金首先支付给等级最高的(Fast-pay Tranche) CMO 持有人。然后,再向次级 CMO 持有人进行支付直到清偿债务。

三是切块抵押贷款证券(Stripped Mortgage-backed Securities, Stripped MBS)。

切块抵押贷款证券又称"本息切块抵押贷款证券"或"剥离式抵押支持证券",是将资产池现金流中的利息与本金进行分割与组合,由此衍生出的金融产品。切块抵押贷款证券的基本做法是:将抵押贷款组合中的收入流拆细,并分别以贷款利息收入流和本金收入流为基础发行仅付本金证券(Principalonly Securities，PO）和仅付利息证券（Interest-only Securities，IO）。

2. 抵押债务凭证

抵押债务凭证（Collateralized Debt Obligation，CDO）为资产支持证券化（ABS）家族中重要的组成部分。它的标的资产通常是信贷资产或债券。这也就衍生出了它按资产分类的重要的两个分支：抵押贷款凭证（Collateralised Loan Obligation，CLO）和抵押债券凭证（Collateralised Bond Obligation，CBO）。

抵押债务凭证的发行系以不同信用质量区分各系列证券，基本上分为高级（Senior）、夹层（Mezzanine）和低级（Junior）三个系列；另外尚有一个不公开发行的股本系列，多为发行者自行买回，相当于用此部分的信用支撑其他系列的信用，具有权益性质，故又称为权益性证券（Equity Tranche）。当有损失发生时，由股本系列首先吸收，然后依次由低级、夹层级（通常信用等级为 B）至高级系列（通常信用等级为 A）承担。

换言之，抵押债务凭证对信用加强系借助证券结构设计达成，不像一般资产支持证券较常利用外部信用加强机制增加证券的安全性。低级、夹层级及高级系列亦可再依利率分割为小系列，如固定利率与浮动利率之别、零息与附息之分等，以适合不同投资人的特定需求。

各系列金额的决定视所要达到的评定等级及最小筹资成本两大因素。通常，高级系列占整体最大的比率，夹层级系列占 5%～15%，股本系列占 2%～15%。

抵押债务凭证依是否购入相应资产可分为现金流量型及合成型（Synthetic）。现金流量型抵押债务凭证涉及将信贷资产真实出售给 SPV，信用资产的所有权随之转移；而合成型抵押债务凭证不涉及这些信贷资产的销售，仅是信用资产的所有人根据违约风险规模与 SPV 签订信用违约互换，而后 SPV 再向投资人出售不同信用等级的证券。

这里对信用违约互换作一简单解释，其肇始及发展见本章附录 7-1。信用违约互换（Credit Default Swap，CDS），是指双方签订协议，一方通过向另一方支付费用，获得一项权利，即当指定资产发生违约时，有权将该资产按面值出售给另一方。协议的本质是将信用违约风险转移给另一方，是针对违约风险提供保险的工具，也是一项卖出期权。企业发行的债券、银行提供的贷款随时都有可能违约,CDS 的出现等于当发生违约时为这些资产上了保险。

图 7-1 是合成型抵押债务凭证的运作架构图。

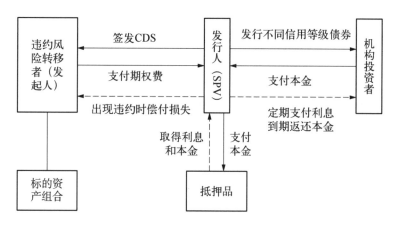

图 7-1 合成型抵押债务凭证的运作架构

在合成型抵押债务凭证框架下,首先是发起人向 SPV 购买针对持有的资产信用风险的 CDS,而这些资产的所有权并不发生转移;其次由 SPV 作为证券化产品的发行人,依据签订 CDS 的规模向投资者出售不同信用等级的证券化产品,一般为平价发行,信用等级低的产品的票面利率高;然后 SPV 用发行证券的所得连同签发 CDS 的所得购买 AAA 级债券作为抵押资产,形成资产池,SPV 定期取得利息,到期收回本金;最后是 SPV 向证券化产品持有人定期支付利息,到期返还本金。当 CDS 项下的资产发生违约时,SPV 出售资产池里的抵押资产,用于偿付发起人的损失,然后这些损失按照证券化产品信用等级高低依次由持有人承担。

第二节 资产证券化产品的定价问题

一、产品特征

1. 住房抵押贷转支持证券(MBS)

相对说来,此类证券面临的违约风险(Default Risk)极低。在美国,住房抵押贷款通常由一些准政府机构作担保,如吉利美等。这使得 MBS 看起来如同政府发行的固定收益证券。事实上,MBS 与政府发行的固定收益证券存在一个关键区别:在 MBS 资产池中的住房抵押贷款允许贷款人提前偿付。这些提前偿还贷款的权利即是房主的期权,具有很大价值。因此,对 MBS 估值的一个关键问题是确定提前偿付函数(Prepayment Function)。

可通过历史资料分析较准确地预测提前偿付。通常市场利率低时出现提前偿付的可能性更大。

MBS 包括转手证券、担保抵押贷款证券(Collateralized Mortgage Obligation, CMO)和剥离式抵押支持证券(Stripped MBS)。转手证券提供的现金流一致,因此定价上没有差异。

CMO 依据收到本金的先后进行分类。譬如,CMO 被划分为 A 类、B 类和 C 类。当资产池收到的本金(包括到期归还的和提前偿还的)先偿还给 A 类投资者,直到此类证券的本金全部付清,然后再轮到 B 类投资人,而 C 类证券的本金偿还放在最后。在这种情况下,A 类投资人承担最多的提前偿还风险。因此,要对 A 类、B 类和 C 类证券要分别估值。

剥离式抵押支持证券将证券分为仅付本金证券(PO)和仅付利息证券(IO)两种。这两类证券都是有风险的投资工具。当提前偿付率提高时,仅付本金证券更有价值,而仅付利息证券则相反。

2. 对于资产支持证券(ABS)中的抵押债务凭证(CDO)的估值

既要考虑提前偿付风险,又要考虑违约风险,因此要确定提前偿付函数、违约概率和回收率(Recovery Rate)。

对抵押债务凭证中不同信用等级的证券,要分别估值。

二、定价方法

资产证券化产品由于含有提前偿还期权,是否提前偿还贷款与利率路径有关,因此其价值是路径依赖的。通常采用蒙特卡洛模拟(Monte Carlo Simulation)或利率二叉树法,两者均是模拟未来利率路径和相应的现金流量。

蒙特卡洛模拟的基本步骤是:一是事先选定一个利率模型,模拟未来利率路径。关于利率模型,后面有专门论述。二是利用市场债券价格对未来利率的校正。三是模拟提前还款率,设定提前还款函数,其参数包括原贷款利率,当前利率,贷款剩余期限,季节性因子等,根据利率途径确定提前还款率。四是对应不同路径下的证券化产品预期现金流的确定。五是求出各路径下证券化产品的价值 PV_i,其中折现率要在前面确定的利率基础上加上反映期权特征风险的期权调整利差 OAS。六是得出最终估值 $PV = \frac{1}{N}\sum_{i=1}^{N} PV_i$。

利率二叉树在上一章已具体讲过,对利率每一期分为两个利率状态,共有 2^n 个利率路径,n 为步数。采用倒推法,由后往前计算。构造利率二叉树,要利用相应期限的零息票债券价格或相应的收益率曲线。后文有基于 CIR 利率模型的任意期限零息票债券价格的确定。

三、CIR 利率模型

1. CIR 模型简介

利率模型可分为均衡模型和无套利模型。均衡模型是基于经济变量的假设而推出的利率过程,其中漂移项通常不是时间的函数,可反映利率均值回归(Mean-reversion)这一现实特征,典型的有 Vasicek 模型和 CIR 模型。无套利模型的构建确保与当前利率期限结构一致,漂移项为时间的函数,典型的有 Ho-Lee 模型、Hull-Write 模型和 Black-Derman-Toy 模型等。这里重点阐述应用较广泛的 CIR 模型。

1985 年,Cox,Ingersoll 和 Ross 提出了 CIR 模型:

$$dr(t) = \alpha[\beta - r(t)]dt + \sigma\sqrt{r(t)}dz(t) \tag{7.1}$$

式中 $r(t)$ 为 t 时刻的瞬时利率,α、β 和 σ 均为正的常数,$\alpha[\beta - r(t)]$ 为漂移项,为 $r(t)$ 的函数,β 代表利率长期平均水平,α 代表利率均值回归速度,$z(t)$ 为维纳过程。

2. CIR 模型利率期望值和方差的确定

CIR 模型得不出 $r(t)$ 的解析解,但可以求出其期望值和方差。

先确定该模型下随机利率的均值。根据伊藤乘积法则,有:

$$d(e^{\alpha t}r(t)) = \alpha e^{\alpha t}r(t)dt + e^{\alpha t}dr(t)$$
$$= e^{\alpha t}\alpha\beta dt + \sigma e^{\alpha t}\sqrt{r(t)}dz(t) \qquad (7.2)$$

将式(7.2)的 t 换成 s，求 0 至 t 的积分，得：

$$e^{\alpha t}r(t) = r(0) + \beta(e^{\alpha t}-1) + \sigma\int_0^t e^{\alpha s}\sqrt{r(s)}\,dz(s) \qquad (7.3)$$

由于伊藤积分的期望值为 0，因此得出 $r(t)$ 的期望值为：

$$E[r(t)] = e^{-\alpha t}r(0) + \beta(1-e^{-\alpha t}) \qquad (7.4)$$

下面确定 $r(t)$ 的方差。记 $Y(t) = e^{\alpha t}r(t)$，则：

$$dY(t)dY(t) = \sigma^2 e^{2\alpha t}r(t)dt$$

根据伊藤-德布林公式，有：

$$d(Y^2(t)) = 2Y(t)dY(t) + dY(t)dY(t)$$
$$= 2e^{2\alpha t}\alpha\beta r(t)dt + 2e^{2\alpha t}\sigma\sqrt{r^3(t)}\,dz(t) \qquad (7.5)$$
$$+ \sigma^2 e^{2\alpha t}r(t)dt$$

将 t 替换为 s，取 0 到 t 的积分，得：

$$Y^2(t) = Y^2(0) + (2\alpha\beta + \sigma^2)\int_0^t e^{2\alpha s}r(s)ds$$
$$+ 2\sigma\int_0^t e^{2\alpha s}\sqrt{r^3(s)}\,dz(s) \qquad (7.6)$$

由于伊藤积分项 $\int_0^t e^{2\alpha s}\sqrt{r^3(s)}\,dz(s)$ 均值为 0，$E[r(t)]$ 已知，从而有：

$$E[Y^2(t)] = Y^2(0) + (2\alpha\beta+\sigma^2)\int_0^t e^{2\alpha s}E[r(s)]ds$$
$$= Y^2(0) + (2\alpha\beta+\sigma^2)\int_0^t e^{2\alpha s}[e^{-\alpha s}r(0)+\beta(1-e^{-\alpha s})]ds \qquad (7.7)$$

又：

$$E[r^2(t)] = e^{-2\alpha t}E[Y^2(t)]$$
$$= r^2(0)e^{-2\alpha t} + \frac{2\alpha\beta+\sigma^2}{\alpha}[r(0)-\beta](e^{-\alpha t}-e^{-2\alpha t})$$
$$+ \frac{\beta(2\alpha\beta+\sigma^2)}{2\alpha}(1-e^{-2\alpha t})$$

进而可得 $r(t)$ 的方差：

$$\begin{aligned}\operatorname{Var}[r(t)] &= E[r^2(t)] - \{E[r(t)]\}^2 \\ &= \frac{\sigma^2}{\alpha} r(0)(e^{-\alpha t} - e^{-2\alpha t}) + \frac{\beta\sigma^2}{2\alpha}(1 - 2e^{-\alpha t} + e^{-2\alpha t})\end{aligned} \quad (7.8)$$

3. 基于 CIR 模型的零息票债券估值

利用 CIR 模型推导出零息债券的定价公式，进而根据零息债券和即期利率的对应关系式可确定利率期限结构。

零息债券的价值 $B(t, T)$ 是关于 t 和 $r(t)$ 的函数，记为 $f(t, r)$，即 $B(t, T) = f(t, r)$。贴现因子 $D(t) = e^{-\int_0^t r(s)ds}$，则有 $\mathrm{d}D(t) = -r(t)D(t)\mathrm{d}t$，由 CIR 模型可得 $\mathrm{d}r(t)\mathrm{d}r(t) = \sigma^2 r(t)\mathrm{d}t$，根据伊藤乘积法则和伊藤-德布林公式，得：

$$\begin{aligned}\mathrm{d}(D(t)f(t, r)) &= f(t, r)\mathrm{d}D(t) + D(t)\mathrm{d}f(t, r) + \mathrm{d}D(t)\mathrm{d}f(t, r) \\ &= D(t)\left[-rf(t, r) + f_t(t, r) + (\alpha\beta - \alpha r)f_r(t, r) \right. \\ &\quad \left. + \frac{1}{2}f_{rr}(t, r)\sigma^2 r\right]\mathrm{d}t + D(t)\sigma\sqrt{r(t)}f_r(t, r)\mathrm{d}w(t)\end{aligned}$$

(7.9)

式中，$f_t(t, r)$、$f_r(t, r)$ 分别为零息债价值函数 $f(t, r)$ 关于 t 和 r 的一阶偏导数；$f_{tt}(t, r)$、$f_{rr}(t, r)$ 分别为 $f(t, r)$ 关于 t 和 r 的二阶偏导数。

由于 $D(t)f(t, r)$ 在风险中性环境下是一个鞅，式(7.9)中的 $\mathrm{d}t$ 项为零，因此得：

$$f_t(t, r) + (\alpha\beta - \alpha r)f_r(t, r) + \frac{1}{2}f_{rr}(t, r)\sigma^2 r = rf(t, r)$$

假定这一偏微分方程有如下形式的解：

$$f(t, r) = e^{-rA(t, T) - C(t, T)} \quad (7.10)$$

则可推出：

$$\begin{aligned}f_t(t, r) &= (-rA'(t, T) - C'(t, T))f(t, r) \\ f_r(t, r) &= -A(t, T)f(t, r) \\ f_{rr}(t, r) &= A^2(t, T)f(t, r)\end{aligned} \quad (7.11)$$

式中，$A'(t, T) = \frac{\partial}{\partial t}A(t, T)$，$C'(t, T) = \frac{\partial}{\partial t}C(t, T)$。则：

$$\left[(-A'(t, T) + \alpha A(t, T) + \frac{1}{2}\sigma^2 A^2(t, T) - 1)r \right. \\ \left. - C'(t, T) - \alpha\beta A(t, T)\right]f(t, T) = 0 \quad (7.12)$$

由于 r 可取任意实数，因此 r 的系数必为 0，从而有：

$$A'(t, T) = \alpha A(t, T) + \frac{1}{2}\sigma^2 A^2(t, T) - 1 \quad (7.13)$$

进而亦有：

$$C'(t, T) = -\alpha\beta A(t, T) \quad (7.14)$$

又 $f(T, r) = B(T, T) = 1$，从而：

$$A(T, T) = 0, \ C(T, T) = 0$$

为求 $A(t, T)$ 的常微分方程解，定义辅助函数：

$$\mu(t) = \exp\left\{\frac{1}{2}\sigma^2 \int_t^T A(s, T)\mathrm{d}s\right\}$$

对 $\mu(t)$ 求关于 t 的导数 $\mu'(t)$，可得：

$$A(t, T) = -\frac{2\mu'(t)}{\sigma^2\mu(t)} \quad (7.15)$$

再对 $A(t, T)$ 求关于 t 的导数，得：

$$A'(t, T) = -\frac{2\mu''(t)}{\sigma^2\mu(t)} + \frac{1}{2}\sigma^2 A^2(t, T) \quad (7.16)$$

进而有：

$$\mu''(t) - \alpha\mu'(t) - \frac{1}{2}\sigma^2\mu(t) = 0 \quad (7.17)$$

此为常系数线性齐次常微分方程，其特征方程 $\lambda^2 - \alpha\lambda - \frac{1}{2}\sigma^2 = 0$ 的两个根

为 $\lambda = \dfrac{\alpha \pm \sqrt{\alpha^2 + 2\sigma^2}}{2}$，从而有通解 $\mu(t) = a_1 e^{\lambda_1 t} + a_2 e^{\lambda_2 t}$，其中 a_1 和 a_2 为常数。取 $a_1 = \dfrac{k_1}{\lambda_1} e^{-\lambda_1 T}$，$a_2 = -\dfrac{k_2}{\lambda_2} e^{-\lambda_2 T}$，其中 k_1、k_2 为常数。

则通解可表示为：

$$\mu(t) = \dfrac{k_1}{\frac{1}{2}\alpha + \gamma} e^{-(\frac{1}{2}\alpha + \gamma)(T-t)} - \dfrac{k_2}{\frac{1}{2}\alpha - \gamma} e^{-(\frac{1}{2}\alpha - \gamma)(T-t)} \quad (7.18)$$

其中，$\gamma = \dfrac{1}{2}\sqrt{\alpha^2 + 2\sigma^2}$。

求 $\mu(t)$ 关于 t 的导数，得：

$$\mu'(t) = k_1 e^{-(\frac{1}{2}\alpha + \gamma)(T-t)} - k_2 e^{-(\frac{1}{2}\alpha - \gamma)(T-t)} \quad (7.19)$$

已知 $A(T, T) = 0$，可知 $\mu'(T) = 0$，将这一结果代入上式，可知 $k_1 = k_2$。进而可得：

$$\mu(t) = \dfrac{2 k_1}{\sigma^2} e^{-\frac{1}{2}\alpha(T-t)} \left[\dfrac{\alpha(e^{\gamma(T-t)} - e^{-\gamma(T-t)})}{2} + \gamma(e^{\gamma(T-t)} + e^{-\gamma(T-t)}) \right] \quad (7.20)$$

可得：

$$\mu'(t) = -k_1 e^{-\frac{1}{2}\alpha(T-t)} \left[e^{\gamma(T-t)} - e^{-\gamma(T-t)} \right] \quad (7.21)$$

将式(7.20)和式(7.21)代入式(7.15)，可得：

$$A(t, T) = \dfrac{2(e^{2\gamma(T-t)} - 1)}{(2\gamma + \alpha) e^{2\gamma(T-t)} + 2\gamma - \alpha} \quad (7.22)$$

再由式(7.14)和式(7.15)，可知：

$$C'(t, T) = \dfrac{2\alpha\beta\mu'(t)}{\sigma^2 \mu(t)} \quad (7.23)$$

将式(7.23)中的 t 替换为 s，求 t 到 T 的积分，并利用 $C(T, T) = 0$ 和辅助函数 $\mu(t)$，可得：

$$C(t, T) = -\frac{2\alpha\beta}{\sigma^2} \ln \frac{4\gamma e^{(\gamma+\frac{1}{2}\alpha)(T-t)}}{(2\gamma+\alpha)e^{2\gamma(T-t)} + 2\gamma - \alpha} \tag{7.24}$$

将式(7.22)和式(7.24)代入式(7.10),该零息债券的价值 $B(t, T) = f(t, r)$ 已得出。

在此基础上,根据连续复利下零息债券价格 $B(t, T)$ 和即期利率 $R(t, T)$ 之间的关系:

$$B(t, T) = e^{-R(t, T)(T-t)}$$

即:

$$R(t, T) = -\frac{1}{T-t} \ln B(t, T)$$
$$R(t, T) = \frac{1}{T-t} [rA(t, T) + C(t, T)] \tag{7.25}$$

式(7.25)表明,t 时的短期利率 $r(t)$ 完全决定 t 年至 T 年期间的收益率曲线。

4. CIR 模型的参数估计

可将 CIR 模型的短期利率公式写成离散型:

$$\Delta R(t) = R(t+\Delta t) - R(t) = \alpha[\beta - R(t)]\Delta t + \sigma\sqrt{R(t)}\Delta z(t) \tag{7.26}$$

式中,$\Delta z(t) = \sqrt{\Delta t} \varepsilon_t$,$\varepsilon_t$ 服从标准正态分布,因此,残差项 $\sigma\sqrt{R(t)}\Delta z(t)$ 是均值为 0、方差为 $\sigma^2 R(t)\Delta t$ 的正态分布,并假定对不同 t 残差项是独立的,参照 Ogden(1987)使用的极大似然估计法,从而 $\Delta R(t) - \alpha[\beta - R(t)]\Delta t$ 有如下对数似然函数:

$$L = -\frac{T}{2}\ln(2\pi) - \frac{T}{2}\ln \sigma^2 - \frac{1}{2}\sum_{t=0}^{T-1} \ln R(t) - \frac{T}{2}\ln \Delta t \\ - \frac{1}{2\Delta t \sigma^2}\sum_{t=0}^{T-1}\{\Delta R(t) - \alpha[\beta - R(t)]\Delta t\}^2 R(t)^{-1} \tag{7.27}$$

分别求 L 关于 α、β 和 σ^2 的偏导数,并令之为 0,可以得出 α、β 和 σ^2 的估计值。

$$\begin{cases} \alpha = \dfrac{\sum_{t=0}^{T-1} \Delta R(t)[\beta - R(t)]R^{-1}(t)}{\Delta t \sum_{t=0}^{T-1}[\beta - R(t)]^2 R^{-1}(t)} \\ \beta = \dfrac{\sum_{t=0}^{T-1}[\Delta R(t) + \alpha R(t)\Delta t]R^{-1}(t)}{\alpha \Delta t \sum_{t=0}^{T-1} R^{-1}(t)} \\ \sigma^2 = \dfrac{1}{T\Delta t}\sum_{t=0}^{T-1}\{\Delta R(t) - \alpha[\beta - R(t)]\Delta t\}^2 R^{-1}(t) \end{cases} \quad (7.28)$$

此为包含三个待估参数的三个非线性方程构成的方程组,可通过Python编程求解,得出相应的估计值。

【附录 7-1】 信用违约互换的肇始与发展

1. 埃克森泄油事件与CDS的萌芽

1989年3月24日,午夜钟声刚刚敲过,埃克森公司的瓦尔迪兹号油轮在阿拉斯加海域泄漏了110万加仑的原油,成为有记录以来美国海域发生的最为严重的一起石油泄漏事故,也是最昂贵的海事事故。

在支付了38亿美元用于清理油污和赔偿损失之后,1991年,埃克森公司与阿拉斯加州州政府和美国联邦政府达成协议,支付近10亿美元用于野生动物栖息地的恢复计划。另外,公司还支付了超过20亿美元的清理费用,并向11 000名渔民和土地拥有者支付了5.07亿美元的经济赔偿。

尽管如此,1994年,在一场由约32 000名原告提起的诉讼中,陪审团作出裁决,判定埃克森公司将大约一年的利润,即50亿美元作为惩罚性的损害赔偿。埃克森公司当时手头没有足够的现金,只好使用与JP摩根和巴克莱银行签署的48亿美元的信用额度。

面对老客户埃克森的请求,JP摩根有苦难言,因为向这类客户提供信用额度贷款根本不赚钱,同时还会占用大量资本金。但对于这样一个长期客户,JP摩根又不敢拒绝,生怕影响银企关系。理论上,JP摩根可以采取把贷款卖给第三方的方式来卸掉包袱,但这将严重影响客户忠诚度。

JP摩根创新团队巧妙化解了这一难题。其设计方案提出了一个大胆而又巧妙的建议,即在不惊动客户端条件下,将贷款风险转移。转移给谁呢?欧洲复兴开发银行(European Bank for Reconstruction and Development, EBRD,总部设在伦敦)成为最佳选择,理由是这家银行手里有充足的现金。由于不能涉足高风险业务,欧洲复兴开发银行一直在探寻低风险、高回报的投资机会,JP摩根的风险转移方案恰好满足其要求。

方案是这样设计的:如果埃克森违约,欧洲复兴开发银行承担贷款损失;如果一切正常,将从JP摩根得到一笔保费。在这笔交易中,欧洲复兴开发银行是CDS的卖家,是承担信用风险的交易对手。当然欧洲复兴开发银行之所以爽快地答应JP摩根,理由也很明显,即埃克森这样大牌的蓝筹公司违约的可能性很小。

1997年,JP摩根的团队在欧洲复兴开发银行交易的基础上又开始了新的尝试。在征得穆迪评级公司同意后,JP摩根发现了一种将风险转移出报表的同时还可以从风险中赚钱的方式,就是成立离岸公司SPV(特别目的载体),完成原来由欧洲复兴开发银行所承担的责任。具体操作是:JP摩根把300家蓝筹企业的贷款打包后,将这些企业的信用风险按照不同价格以证券形式卖给投资者。在这一架构中,SPV作为CDS卖方承担了97亿美元的风险。由于贷款非常安全,JP摩根在设计中只用7亿美元就担保了97亿美元的债务。

2. CDS的发展

CDS的出现源于债权人对债务人违约的担忧,早期大多数机构购买CDS的目的都是以对冲为主,CDS的对冲作用是金融机构管理信用风险的重要工具。但CDS后来被广泛用于对资产证券化产品风险的化解甚至直接用于投机。

随着市场的逐渐成熟,CDS交易中的对冲目的相对减少,而更多的是投机。投机者抱着"空手套白狼"的目的跻身CDS市场,买卖双方都是空对空,豪赌债务人违约的可能性。这些投机者购买CDS的目的不再是为了保值,而是为了赚钱。

CDS参照资产的变化为投机者提供了更丰富的选择,从企业贷款、债券发展到证券化产品。证券化产品让CDS有了新的腾飞,从为资产支持证券ABS中的分层购买CDS,又衍生出为MBS、CDO分层购买CDS。

CDS市场发展速度可以说是创造了衍生品市场之最。根据国际清算银行的估计,截至2005年,全球范围的CDS名义总额达13.9万亿美元,而到了2008年9月,预估的名义总额已达58万亿美元,在不到三年的时间里增长了4倍,使CDS成为全球场外市场(OTC)最为活跃的产品之一,也是全球规模最大的衍生品市场。

巴菲特虽然称CDS为"大规模毁灭性武器",但是也不妨碍他利用CDS赚钱:他的伯克希尔·哈撒韦公司共卖出了54个CDS合同,获取了32亿美元的保证金。

本章思考题

1. 我国大力开展资产证券化的意义何在?
2. 资产证券化产品的类别和风险特征有哪些?
3. 谈谈你对信用违约互换(CDS)的理解。
4. 谈谈合成型抵押债务凭证(CDO)的运作流程。

参 考 文 献

[1] Giuliano Iannotta. Investment Banking: A Guide to Underwriting and Advisory Services[M]. Springer,2010.

[2] Joshua Rosenbaum, Joshua pearl. Investment Banking: Valuation, Leveraged buyouts and Mergers & Acquisition[M]. John Wiley & Sons, Inc.,2009.

[3] Robert F. Bruner, Kenneth M. Eades, Michael J. Schill. Case Studies in Finance: Managing for Corporate Value[M]. The MaGraw-Hill Companies, Inc. 2014.

[4] Zvi Bodie, Alex Kane, Alan J. Marcus. Investments[M]. 4 版.北京:机械工业出版社,2002.

[5] John C. Hull. Options, Futures and Other Derivatives[M].4 版.北京:清华大学出版社,2003.

[6] Stephen A. Ross, Randolph. W. Westerfield, Jeffrey F. Jaffe. Corporate Finance[M]. The MaGraw-Hill Companies Inc.,2011.

[7] Steven E. Shreve. Stochastic Calculus for Finance Ⅱ:Continuous-Time Models[M]. 北京:世界图书出版公司,2004.

[8] Richard L. Shockley, Jr. An Applied Course in Real Options Valuation [M]. Thomson South-Western,2007.

[9] Liaw, K. Thomas. Investment Banking and Investment Opportunities in China: a Comprehensive guide for financial professionals[M]. John

Wiley & Sons, Inc., 2007.

[10] Ogden, J. An analysis of yield curve note[J]. Journal of Finance, March 1987: 99–110.

[11] Xueting Huang. A Value at Risk Approach to Risk-Return Analysis: Comment[J]. The Journal of Portfolio Management, Spring 2004: 124–126.

[12] 陈琦伟,阮青松.投资银行学[M].大连:东北财经大学出版社,2007.

[13] 阮青松.投资银行学精讲[M].大连:东北财经大学出版社,2009.

[14] 周洛华.金融工程学[M].上海:上海财经大学出版社,2008.

[15] 金德环.投资银行学[M].上海:格致出版社,2015.

[16] 吴文锋.固定收益证券[M].北京:高等教育出版社,2022.

[17] 吴晓求.中国证券公司:现状与未来[M].北京,中国人民大学出版社,2012.

[18] 黄学庭.实物期权估值中风险中性概率的确定问题探讨——兼析2011注会教材中一个例子的错误[J].中国证券期货,2012(2).

[19] 黄学庭.企业并购估值中的威斯通模型扩展研究[J].财贸研究,2008(2).

[20] 黄学庭.对广义夏普准则应用问题的进一步研究[J].中国管理科学,2005(10).